剣道の取り組みについて 祝　要司

ここに記載しました事は私が４０歳過ぎた頃から再び剣道を考え、心がけた事柄です。勿論完璧には出来ておりませんが、何事も目標に向かうには具体的に方策が必要だと考えます。スーパー業界に「作と演」と言う言葉があります。作はシナリオ「企画・政策・戦略・戦術」です、演は売場の出来具合「見栄え・感動の演出」です。この二つはまさしく車の「両輪」のごとくです。剣道も同じではないでしょうか、自分なりのシナリオをしっかりと作成し、それを晴れの日「試験・試合・日頃の稽古」に演じ、自分自身感動をしまわりの人々に感動を与えることを目指すことが、精進の一方策となり、「人生とは卒業のない学校」ではあるが少しでも剣道の卒業式に近づけるのではないだろうかと。

作

1、取り組みのシナリオを作成する

1）気持ちと考え方と行動

①誰の為に剣道をやっているのか・・・自問
②プラス思考でいること（絶対に受かる強い意志・ミスを忘れ良いイメージの蓄積）
③感動を意識して試合を見ること（いい試合を見る）
④晴れの日に即した稽古の実施（必死の技・一本の重み）
→長期ビジョンを持つ
⑤下の者を自分より上へ見立てた稽古（弟子もまた師の師なり）常に先に出る稽古
⑥練習で出来ることを実力と思うな　（井の中の蛙）
⑦謙虚に教わる気持ちを持つて稽古に臨む
⑧基本稽古を怠らない

2）日々の稽古に対する取り組み方（心掛ける実践項目）

①基本的な重要事項

・姿勢　（長年の悪癖の姿勢の是正）
・呼吸　（下丹田からの気の呼吸）
・構えと　（気勢を込めた＝観の目、威厳・風格＝懸待一致の構え）
・足さば　（多彩な応じ技を支える足捌き）
・間合　（遠間合・一足一刀の間合・近間の効用の熟知）
・残心　（気勢・体勢の身構え、心構え）

②仕掛けていく技（気で勝つ・攻め勝つ・乗って打つ）

・一本打ちの技　・払い技
・二、三段のの技　・出ばな技
・引き技　・かつぎ技
・巻き技　・片手技

③応じていく技　（後の先、の理解）

・すりあげ技　・返し技
・打ち落とし技　・抜き技
・応じ技

3）稽古

①基本稽古　（理合を以って行う）
②一人稽古　（素振り・シャドー剣道など）
③見取り稽古　（立派な先生・八段以上の先生など）

気

姿

風格・輝き

演

2、晴れの舞台での演じ方

1）受験時の気持ちの持ち方

何故会心の一本は稽古でしか出ないのか・・・
（過信）⇐【謙虚な自信】⇒（捨てた打ちが出ない）
①必死な一本を出す
・あたるはずだ、うまく打ってやろうは、打ち急ぎに繋がる（打算的な打ちは良い結果でない）
②【観・見の目】観の目強く見の目弱く　見の目間合、間違える
③二分間、気の縁を切らない＝必ず次に繋いでおく
・技を失敗しても円を切らない（気持ちの継続）

2）防具について

①稽古着、袴、防具の着装
②試験用稽古着、袴、防具の使用

3）構え

①気攻めの構え＝絶対にさがらない
②左手収め、下丹田に力

4）気構え

①位取りを上から＝いつでも来いの心境　下記参照①
②相手に先に気合を出させる＝倍の気合（発声も重要）

5）技

①初太刀、特に大事　（初太刀一本、千本の価値）
（先に打つのでない）→　気が熟した技
返し技でも良い
②攻めのある、打ち切った打突
③左手納まった、中心を割る打ち
④充実した気勢、適正な姿勢を持って、竹刀の打突部で打突部位を刃筋正しく打つ
⑤手の内の良い打ち

6）体の運び

①打切る体の運び→返されても中途な捌きしない
②足の出しっかり（右足を出す意識＝左足早く引き付ける）
③腰の垂直移動【うなじ曲げない】

7）残心

①打突後必ず相手に構える

◎　『自分は、自分であって自分以外の何者でもない』
自分より上でも下でもない、己の剣道を観てもらう心境

4つのポイント	7つの工夫
①視点を変えて取組むこと ②長所を伸ばすこと ③プラス思考でいること ④常に≪何故≫の気持ちを持つこと（工夫の心）	①蹲踞を充実させて先を取る ②下腹部に力を入れ、剣先を利かすこと ③うなじを垂直にし姿勢を正す ④息を持続させ、縁を切らないこと ⑤中攻めを意識し、意味ある一本を打つ ⑥右足を出す意識で打ち、引き付け足は素早く移動、動きをスムーズにする ⑦右半身も意識し、打突力をつける

参照
①気位＝戦ずして相手を呑む気勢、絶えず心を練り気を養い、心と業とが進まり自然と備わるものである
②品位＝人に自然と備わっている心の高さ
③風格＝風采と品格　人柄

強い剣道　気品ある剣道

社会人のための考える剣道

社会人のための考える剣道／目次

一、剣道が楽しくなる仕かけを自分でつくろう

日曜会　強くなるための八項目

一、だれのために稽古をやっているのか

二、目標達成までプラス思考でいること

三、感動を意識していい試合を見て、稽古に取り入れること

四、晴れの日（試合・審査等）に即した稽古を実践すること

五、下の者を自分より上に見立てた稽古をすること（弟子もまた師の師なり）

六、井の中の蛙になるな

（練習でできたことを実力と思うな）

七、謙虚に教わる気持ちをもって稽古に臨むこと

八、基本稽古を怠らないこと

目標が明確になると稽古が断然充実する

貴方の剣道の目標はなんですか？

ただ単に集まって稽古するのも楽しいし、ビールもおいしく飲めます。でも、そこからおそらく向上というものは生まれてこないと思います。

では、稽古が充実し、実力を向上させる心構えとしてまずなにが必要でしょうか……。それは明確な目標設定ではないかと思います。会社にも「理念・経営目的」が明確に設定されており、それに向かって発展するものです。

だれしも過去の剣道人生のなかで大小の違いはあれ目標があったはずであり、現在も目標はあるはずです。その目標をもっと明確にするべきです。

目標は、心の感動から生まれるものが大半ではないでしょうか。例えば試合、稽古、審査等、上級者のすばらしい「技・姿・剣さばき」などの剣道をみたときに、「あのような剣道がしたい」と感動を覚え、憧れをもったときに目標が自然に生まれるものだと思います。

私事でいえば、人生のその節目、節目で感動して憧れ、そしてその都度目標が設定でき、現在の生涯剣道の考えにつながっていると思います。中学のとき熊本市内で偶然高校の試合をみる機会があり、そこで九州学院が決勝戦を行なっているのをみたとき田舎育ちの井の中の蛙であった私は衝撃を受けたのです。この高校へ行き、「日本一になりたい」と強烈に感じそのことを目標とし、厳しい稽古に耐えたのが剣道で目標を立てた最初であり、本格的な剣道人生の始まりでした。さらに大学では関東学生のレベルの高さに驚愕し、とくに一年生のとき、日本武道館で関東学生選手権決勝戦をみたとき、日本武道館の真ん中一面で闘う選手の姿がまさに感動的で自分もあの場所で何としてでも試合がしたいと憧れたものでありました。

必ずあの場面に自分が立つ……。

これが学生時代の大きな目標となり技術的・精神的なバックボーンとなりました。さらに森島健男先生が師範だった関係もあり、警視庁の名選手、先生方に接することができたのもそののちの四年間の稽古が充実した原動力となったと思っております。

さらに実業人となって、〝目からうろこ〟の遭遇がありました。八段の先生方の試合を初めてみる機会と出会ったのです。昭和五十二年三月第一回明治村剣道大会が開催されました。明治村剣道大会は「最高の選手、最高の審判によるもっとも権威ある八段戦」をコンセプトとし、平成十四年まで愛知県の博物館明治村で行なわれていた大会です。

剣道とはこういうものかとすごい感動とショックを受けました。今までの自分の剣道とはまるで違うのです。「姿勢」「息詰まる間合の攻防」「一本の打突」などまさにカルチャーショックを受けました。この試合を目の前で拝見し、剣道観がまったく変わりました。そのときに遠い将来の目標を設定しました。

生意気にも必ず八段に受かる剣道を目指そう、五十歳代になったときにあれだけの剣道ができる人になろうと……。二十六歳のときでした。現在八段にはなりましたが、先達の先生方にはまだ足元にも及びません。しかし二十六回の明治村大会すべてに運営委員として携わり多くの名場面に遭遇することができたことがさらに次の目標となっています。

とかく社会人（とくに実業団）の剣道において選手として試合に臨む時代は目標が定まっていますが、その時代を過ぎると仕事が忙しくなることもあり、いろいろな理由をつけて稽古から遠ざかりがちになります。ほんとうに残念だと思います。それはその後の目標が明確に定まっていないからでしょう。節々で目標を明確に定める必要があると思います。そのためには内容の充実した大会、あるいはすばらしい高段者の剣道など感動を受ける場面をみる機会を積極的に多くもつことではないでしょうか。「見取り稽古」の機会を増やすのです。そこで感動が生まれれば必ず目標が生まれてくるものであり、稽古への積極性と向上心が生まれるはずです。そのことが剣道が上達するいちばんの近道であると信じています。

一般実業人では集団で稽古に行くのは見かけますが、最近、個人で出稽古に行くことは少なくなったように思います。元来、剣道は自己修錬を掲げているものですから、したがって自ら時間を作り、自ら出かけることが大切と考えます。勝負で始まった剣道がいつの間にか辞められず崇高なものを求めていく――ぜひとも人生を通して剣道を継続してほしいものであります。途中でやめることなく継続していただき、それを実践している一人ひとりが剣道界の財産であり、剣道の底辺拡大と発展の基に繋がるものと思います。

目標設定は昇段審査、試合、なんでもよいと思いますが、自分の意欲が湧くものを考えてみましょう。

「成せばなる、成さねばならぬ何事も、成さぬは人の成さぬなりけり」です。

日曜会を結成、週一稽古にすべてをかける

わたしは八段審査を受け始める頃、仕事の都合上、まったく稽古ができなくなりました。そのような状況でも審査を受ける気持ちはゆるぎませんでしたので、地元小牧市に日曜会という稽古会をつくりました。

日曜会の前は土曜会という稽古会をつくっていました。三十歳代の頃から仕事も中堅どころとなり稽古環境としては非常にきびしくなっていました。そこで自分で稽古できる場所をつくるしかないと考え、「高段者の方で互いに切磋琢磨したいとお考えの剣士諸兄お集まり下さい」、そんな文章で一般、教員、実業団、官公庁などに配ったのです。反響は思いのほかあり、会を「土曜会」と命名し、名古屋市中心で活動していました。この会は約十五年間続き、八段や七段昇段者が二十名は優に超えました。しかし会場の都合や私の転任もあってやむなく解散しました。

これでまた稽古場所がなくなってしまったのですが、将来の目標を達成するためになんとしても稽古の場を構築しなければなりません。今度は地元小牧市の小牧山城の麓にある

市の武道場をお借りし、稽古場所を作ろうと考えました。

織田信長、豊臣秀吉、徳川家康の三大武将のゆかりの城でまさに稽古修錬には最適な道場です。稽古日は連盟などの行事が済んだ日曜日の夜がいいと考え「日曜会」と命名しました。

日曜会はただ単に集まって、汗をかき剣道を楽しむという会ではなく、あくまでも稽古の中で今以上に目指すものを明確にし、その目標を達成すべく向上を図ることを趣旨に会を呼びかけました。

「今の自分のレベル以上に強くなりたいもの集まれ」と呼びかけ、賛同したものが集まったのが始まりです。したがって土曜会とは違って高段者は少なく、これから上を目指そうという人ばかりでした。七段が私一人で六段が数名、ほとんどが三、四段クラスでした。職業はたいへん幅広くて実業団、教員、医者、自衛官、消防士、刑務官、主婦、学生等などです。

多忙ななかに週一回だけの稽古です。わざわざ集まって稽古をするわけですから、したがって次のことをとくに問いかけました。
一、だれのために稽古をやっているのか。

二、目標達成までプラス思考でいること。
三、感動を意識していい試合を見、稽古に取り入れること。
四、晴れの日（試合・審査等）に即した稽古の実践（必死の技・初太刀一本の重み）。
五、下の者を自分より上に見立てた稽古をすること（弟子もまた師の師なり）。
六、井の中の蛙になるな（練習でできたことを実力と思うな）。
七、謙虚に教わる気持ちをもって稽古に臨む。
八、基本稽古を怠らないこと。

将来性と効率性を上げるためにとくに基本稽古を中心に行なっていますが、個々には結果として結びついていると思っています。目標達成のために「作」と「演」という考え方を取り入れました。これは長年従事したスーパーでの業務のなかでの考え方です。「作」とは前記の八項目を含むシナリオであり、スーパー業であるならば「本部の政策、方針、企画、戦略、戦術」で、「演」とは実際シナリオどおり進み「現場での見栄え、感動の演出」ができたかどうかです。この二つはまさに車の両輪のごとくです。この「作」と「演」こそが仕事の中から生まれたわたしなりの剣道の取組み方です。

六段、七段審査。絶対合格を信じて大失敗

この「作」と「演」という考え方は、失敗から生まれました。県内の五段までの審査は順調に進みました。したがって初めての全国審査である六段審査のときも苦労をするとは考えもしませんでした。過去の試合経験から当てにいくことは大してむずかしいことではないと考え臨んだのですが見事に失敗しました。その後、反省もなく三度失敗しました。謙虚さが足りなかったと思います。なぜダメだったのか原因を理解していなかったのです。結果的には「気剣体一致」の剣道になっていなかったのでしょう。試合でも審査でも感動ある有効打突は「適正な姿勢、充実した気勢をもって打突部で打突部位を刃筋正しく確実にとらえ残心あるもの」であることに気づきました。ではそういった有効打突を実践するにはどうしたらよいのか……。

いままでの稽古というと地稽古あるいは試合稽古のみになっていて、おろそかにしていた基本技を初心に返って取り組むことが必要と考えました。その結果五度目にして自分なりの納得した内容になったと思います。さらに七段審査に臨んだときは、こんどは届くは

ずの間合からまったく届きませんでした。足の衰えが思った以上に起こっていたのです。稽古量の不足からでしょう。同時に年齢にあった間合の習得もできていませんでした。六段合格後におろそかになっていた基本稽古に再び重点をおく稽古に切り替え、七段合格となりました。

実業団はとくに稽古日数、時間が限られているため、往々にして地稽古のみになりがちで打ち切る稽古ができません。手先の技のみの稽古になりがちです。試合に負けたり試験に落ちたりしても得られるものは多くあります。失敗を理解し前向きな考え方をもち、常にプラス思考であることが重要ではないでしょうか。

剣道もＰＤＣＡ。次につながる稽古をする

剣道の修行は「守・破・離」の三つの段階に分かれています。六段になれば六段のなかで、七段になれば七段のなか、そして八段になれば八段のなかに「守・破・離」があると思います。さらに全体を通して生涯剣道のなかでの「守・破・離」へとつながっていくと思います。その三段階をクリアし確固たるものにするには、ＰＬＡＮ・ＤＯ・ＣＨＥＣＫ

のくり返しが必要ではないでしょうか。一つ、一つ階段を上がるごとき考えで修錬が必要だと思います。そのためには先達の教えを充分理解し、その教えを稽古で実践し身につけることが必要です。昔は道場に風呂がありました。稽古後、そこで先生方にその日の稽古について教えを受け、己の剣道を振り返る機会を得たものです。いまは風呂がありません。そのまま帰ってしまうというのが現状です。

帰りの車や電車の中でその日の稽古はどうだったのか、振り返ることが大切ではないでしょうか。稽古が終わったらそこで終わりではない。「なぜよかったのか」「なぜうまくいかなかったのか」など思い直してみることが必要です。

そこから次の稽古の課題を見つけておくのです。次の稽古につなげることが重要だと思います。この「なぜ」があれば、必ず工夫をするものです。これが「PLAN・DO・CHECK・ACT」のサイクルをつくります。これはイメージトレーニングにもなります。時間が取れなくて防具をつけた稽古ができなくとも、時間さえあればイメージトレーニングは可能になります。

剣道を通して豊富な経験をもつことは幅広い思考をもつことにつながっていくと思います。剣道を単に勝敗を意識したものから崇高な武道精神（東洋哲学）を求めるものに進化させていくことで、剣道談義が楽しくなるのではないでしょうか。剣道談義はどの年代の人たちとも隔てなく、共通の話題として盛りあがることができます。一献の席、花見の席、お祝いの席、激励の席等々…たくさんの引き出しからいろいろな剣道の話が出てくることで、剣道談義に大いに花が咲き、楽しくなるはずです。

二、社会人一年生へのアドバイス

高校や大学を卒業し、社会人となると生活環境はもちろん剣道環境も、大いに変わります。まずは、心の整理から入らなくてはいけません。今までは最上級生として、部の運営や後輩部員の指導など、上位の立場で生活をしていたはずです。社会に入るとまずは一年生へ逆戻りです。素直に初心に返って仕事と剣道に取り組んでいくことが重要です。

特に剣道面では、今までは決められた時間で、稽古相手も十分いた環境ですが、社会人になるとそうはいきません。会社のクラブに入ったとしてもほとんどの会社が部員全員そろって稽古することができていないのが現状です。したがって大切なのは個人としての剣道への取り組み方です。常に向上を求めるためには会社の稽古のみならず、自分で稽古場を見つけ修練する必要があります。特に会社に剣道部がない場合は自ら稽古場を探さなくてはなりません。そこで社会人剣士の先輩として、取り組み方やルールについて少しお話させていただきたいと思います。

細かいことを言えば沢山ありますが、次の事項は一例です。常識的なことですが、分かっている様で分かっていないことが多々あります。老婆心ながら参考にしていただければと思い列記いたしました。

良い道場を見きわめる

とかく稽古場は、自分の住んでる所から都合の良い場所（近距離・短時間）を選定しがちですが、本当に自分の目標を達成するための道場を選ぶべきです。正しい指導（技術・思想。礼節など）が行われているか。会員が向上心を持って稽古をしているか。生涯剣道への意識を持って指導されているか。ただ単に集まって稽古をしているだけでは向上はないでしょう。

まずは道場を見学してから入門するか否かを決めましょう。直接訪ねても失礼ではありませんが（但し見学をさせていただく旨申し上げる）、事前に連絡していくのが望ましいと思います。時間、場所など、また稽古内容等を事前にお聞きすることができます。連絡は道場の代表者にしましょう。

道場を訪ねるときはスーツにネクタが好ましいですが、そうでない場合はあまりラフな格好にならないよう気をつけましょう。また実際稽古でお邪魔する場合は手入れの行き届いた稽古着、袴、不備のない防具で行くことが望ましいと思います。

稽古開始時刻には稽古できる状態でいましょう。社会人にとって時間管理は重要なことです。これは仕事でも同じだと考えます。例えば会議開始時間に席に着くなど、好ましいことではありません。新入社員であれば誰よりも先に席に着くなどの心掛けが大切と思います。タイムスケジュールによる時間管理をしっかり身につけ、業務を遂行することが必要です。

席順は基本的には一番下座に座るべきでしょう。神前から一番遠い入り口に近いところです。道場の指導者に指示された場合は、指示に従うべきでしょう。このことは、会社の会議の席、あるいは宴会の席でも同じと考えてよいと思います。無礼講と言えどわきまえて行動すべきです。

稽古終了時は、先生方より早く稽古を終えてもできれば先生方の面をはずされるのを見てから、はずすようにしたいものです。先生や先輩を「敬う」気持ちは剣道ではとくに大切なことです。

稽古後のシャワーやお風呂は、基本的には先生や先輩方に先に使用していただき、少人数しか利用できない場合はできるだけ控えましょう。しかし大きいお風呂がある場合は失礼に当たらない程度に積極的に入り、先生のお話を聞くことも第二道場として大切なことです。これは、会社でも同じでコミュニケーションを確立する上で大切な心構えだと考えます。コミュニケーションが良好であれば稽古に理解を示してもらえるはずです。

基本稽古をおろそかにしない

学生時代は必ずと言っていいくらい基本稽古を行なったはずですが、社会人になると、とかく疎かにしがちです。仕事でも、剣道でも一番重要なのは基本が出来ているかです。基本があって初めて応用に結びついていくものです。特に社会人の稽古は互格稽古に終始しがちですが、基本は二人いれば出来ますので必ず実践してください。

社会人になると、時間管理が自分の思うようにならないものです。その中でタイムマネージメントをしっかり身に付けて稽古時間を作り出しましょう。どうしても稽古時間は短くなりがちですから、短時間で稽古を充実せることを心がけます。一回の稽古には、明確な目標を持って工夫することを心掛けるようにしましょう。無理・無駄・ムラのない心境で臨むことが大切です。

稽古には上手の方へ懸かる稽古と同格の方との互格稽古、下位の者との引き立て稽古があります。上位の方へは、積極的に一打一打を有効打突につなげるつもりで気を抜かずに気・剣・体一致の心構えでお願いします。合気で対するのではなく先の技で臨むことを心がけましょう。同格の互格稽古は合気を持って自分の力を出し切ることを心がけ、出来るだけ基本に忠実に、打ちきった稽古をしましょう。下手との稽古は、機会の良いところを打たせたり、引き立て稽古を意識して行ないますが、その中に自分の打つべきところは、しっかりと捕らえて稽古しましょう。また稽古は自分の体調に合わせて行うべきです。無理をしてかえって周囲に迷惑をかける場合があります。特に久しぶりの稽古の方は注意を払うべきです。

社会人は一人稽古が重要になる

稽古の出来ない場合の補い方に一人稽古があります。社会人としては競技力向上のための筋力トレーニングやケガ予防のストレッチなどありますが、稽古に直結するのはやはり、素振りだと思います。定期的に時間を設定してやるのがベターだと思いますが、決まった時間はなかなかとりづらいものです。まずは継続させるという意味では空いている時間に実施するという気持ちが大切です。

また、道場など早く行った場合なども一人素振りをするとよいと思います。残業などで帰りが深夜になることもありますが、素振りとイメージトレーニングは周囲に迷惑を掛けずに出来るのではないでしょうか。

昇段審査を受ける。講習会に参加する

審査は自分の実力を知るバロメーターです。客観的に評価を受けることは次の向上へとつながっていくと考えます。社会人剣士は試合もさることながら昇段審査をひとつの目標にすることが大切です。そのことで必然的に剣道の継続へとなります。取組み方としては、受験までの気持ちづくり、受験時の気持ちづくりがあります。社会人剣士は稽古をしなくても誰も文句は言いません。それを踏まえ、自分をしっかり持って取組んでいくことが大

切です。

講習会に積極的に参加することは日頃マンネリ化してしまっている稽古に刺激を与えるものです。日頃の緒先輩や先生方の内容とは違った指導を受けることは通常の稽古を見直すのにも良い機会だと思います。剣道人としては身に付けなければならない「指導法・日本剣道形・審判法」は必ず熟知、体得して欲しいものです。

第二道場は重要な学びの場所

稽古後の一杯会や時間を決めて集まって剣道談義をすることを第二道場といいますが、出来るだけ積極的に参加しましょう。そこで会社や部の歴史など日頃道場では聞けない話が多く出てくるはずです。沢山の話を引き出して知識を増やすことが出来ると思います。もちろん、先約などで都合が悪い場合は正直にそれを伝えお断りしてもかまいませんが、誘っていただいた感謝や次回誘っていただければ幸いの旨をお伝えするとよいでしょう。第二道場での座る場所は前記しましたが、道場と同じと考えればよいでしょう。いくら無礼講といえども最低限度の礼節は必要です。入り口に一番近い下座は動くにも便利な場所です。

剣道に理解がある職場とは限らない

剣道を長年やってきているからといって理解してくれる人ばかりでないのが社会人の職場です。特に上司がそうだと日常が大変な状況になります。まずは社会人一年生の貴方を理解してもらうことが重要です。それには一生懸命仕事をすることです。剣道で身に付けた礼節をもってテキパキと行動を実践することです。そのことで貴方への理解と評価が高くなってくると思います。結果として剣道への理解につながってくると思います。

また、地域社会へ携わることも貴方の人生を豊かにすると思いますので積極的に参画するべきだと考えます。但しまずは自分の仕事が最優先です。仕事に慣れることが最も重要です。その上で子供の指導等へ携わることです。子供の指導は自分の指導者としての心構えや知識が豊かになり、責任感と自分の剣道の向上に繋がると思います。

生活即剣道、剣道即生活

最後に剣道と日常生活を分離して考える方が多いと思いますが、日常生活の中で、剣道で身に付けたことを生かす場面は多々あります。剣道・仕事・日常生活を一体に捉えることで剣道の意識も高めることが出来ますし、日常生活や仕事も充実するはずです。

大学を卒業した年は、社会人剣士としての出発点です。ぜひ生涯剣道として中断することなく継続してほしいと思います。先般、大学の先輩方と集まったとき、話題はやはり現役学生時代のエピソードばかりでした。私自身も明治大学の道場で汗を流した日々を思い出しますと、当時は地獄の苦しみではと感じた日々、卒業後もしばらくは楽しかった思い出は浮かんできませんでしたが、継続できたことで得難い経験ができたと思っています。また、大学時代はわずか四年間という短時間ですが、長い人生に大きな基盤を築いてくれたと実感しています。これも継続していたからこそ、実感できたと思っています。

大学の剣道は、明確な指針（目標・目的）、行動（前向きな稽古の取り組み）、反省・工夫（なぜ出来ないのか）が重要であり、それが次の取り組みへと変わっていきます。これは社会人でもっとも大切なPDCA（PLAN・DO・CHECK・ACT）です。学生時代、剣道に取り組んできた皆さんは、すでに言葉は知らなくても、そのことを充分に体験しているのです。

ご存知の通り剣道修錬は（守・破・離）の三段階に分けることが出来ます。子供の頃から最終学校までは（守）の段階だと思います。社会人剣士になって、いよいよ（破・離）の段階を求めて進みましょう。厳しい剣道部を卒業された皆さんです。せっかく学んだ剣道ですから継続していきましょう。

三、逆境となげく前に……

人生は順風満帆ばかりではない

剣道から遠ざかっていく要因として一例を挙げると次のようなことがあると思います。
気持ち的なもの――剣道の良さが理解できない、単調な稽古のくり返しで嫌気がさす、指導方針が把握できない。
技術的なもの――自分の進歩が分かりづらい、思うように相手を打てない、試合で勝てない。
環境的なもの――時間・場所・相手がない。
気持ち的なものや、技術的なものは自己の意思で改善できますが、環境的なものは外部要因により大いに左右されます。人生、いろいろな環境がありますが、人それぞれビジネスでも剣道でも順境、逆境を多かれ少なかれ経験されていることと思います。順境は意外と気づかずに生活しているものです。長い人生のなかで山あり、谷ありの状況が多々あると思いますが、逆境になってはじめて順境だったことがわかり、あのときもっとこうすればよかったなどとあれこれ考えるものです。

逆境には「精神的なもの・物理的なもの」があると思います。剣道と仕事の両立を考えたとき、ビジネス面での逆境とは、実業人には好むと好まざるとに関わらず異動がつきものので、部署や部門または勤務地区の変更など、とかく自分の意のままにならないことが多々あります。その中で自分が逆境だと考えたときには考え方もマイナス思考になりがちですが、そのときこそ剣道修行の精神を以てプラス思考で乗り切らねばならないと考えます。

剣道面での逆境とは、異動などによりいい指導を受けられない・稽古時間・場所・稽古相手不在などの状況に置かれた場合だと思います。そのときこそ剣道に取り組むための工夫が重要になってくると思います。

プラス思考で逆境が順境になる

名鉄パレ勤務時代に剣道部監督、部長として部員を引っ張ってまいりました。名鉄パレはスーパー業（一部百貨店）で勤務地は点在し、夜が遅く、日曜日がいちばん忙しい会社でした。当然、試合参加、稽古参加には非常にきびしい現状がありました。稽古時間は勤務終了後の八時三十分から週二回といたしました。遠隔地で疲れた体で稽古にくるのはたいへん苦痛だったと思います。日曜日の試合のときも、試合終了後はまた仕事に戻るということもしばしばでした。当時、部員たちはおそらく自分たちは逆境のなかで稽古や試合をしていると思ったことでしょう。しかしほんとうの逆境、稽古ができない環境の方々からすると贅沢なことだと思います。稽古場所があり、稽古相手があり、稽古時間があるのです。

また、名鉄が明治村剣道大会を主催していたこともあり、年に一回、明治村剣道大会にお集まりいただいた先生方に講師をお願いし、研修会を実施しておりました。堀口清・玉利嘉章両先生をはじめ、日本を代表する先生方に直接ご指導をいただける機会がありました。このような機会を与えられていたのは名鉄パレ剣道部員だけです。

このようなすばらしい指導を受ける機会もありましたので、部員全員に逆境でなく、「自分たちは順境である」という意識を持たせ、プラス思考で稽古に取り組むよう仕向けていくことを心がけていました。しかし、わたしの実力不足もあり、後悔・反省することが多々ありました。

実業団剣道では名鉄パレ同様、あるいはもっときびしい環境のなかで剣の修行を積まれている方々がお見えと思います。しかし、絶対に逆境はない、どのようななかでも精神的には順境のなかで稽古に取り組めるという、プラス思考でいることが大切だと思います。

まずは与えられた環境で精一杯

わたしは大学を卒業後、仕事を中心とした生活に入りましたが、「二兎を追い続ける」ということを心に決め、仕事はもちろんですが、剣道も常に疎かにせず、できる限り稽古をしてきました。

名鉄入社、名鉄ストアー（後パレ）出向、そのつど剣道精神が支えてくれたおかげで仕事もわりと順調の中、突然アゲインストの風をまともに受けることとなりました。四十八歳のときでした。トップの交代があり、人事異動がありました。サラリーマン社会では当然起こりえることです。

全社の仕入れ、売場統括の業務を行なう商品本部長から遠隔地での店長という降格人事でした。しかし、このようなときこそ剣道の精神が大いに役立ちました。

お客様のニーズがなにかを察知する感受性が重要であり、当然のごとく礼儀は基本で頭を下げることを従業員に徹底して教育しました。不特定多数で多種多様のお客様を相手するわけですから剣道の修行に似たものがあります。

しかしこの間、剣道の面ではまったく不便（稽古の機会・場所・相手をなくし）であり、日々ひとり稽古に取り組んでいました。相手を仮想し素振りを中心に行なったのです。そうこうしているうち考えたことが、自分の稽古できる時間に稽古場所をつくるしかないということでした。これが現在も続いている日曜会の原点です。当初わずかな人数でしたが、集まってくれた剣友諸兄に深く感謝しております。彼らを相手に逆境ともいえる環境のなかで八段に合格することができました。逆境だからこそ稽古のできる喜びを感じつつ一本一本大事に取り組んだことがいい結果を得られたと思っています。順境の中だったら私自身の剣道はどうなっていたでしょう……。

学生時代の稽古環境には戻れない

とかくわれわれ実業人は学生時代の恵まれた環境で稽古できた状況と比較し、稽古ができないと、時間がないなど勝手に自分で逆境と考えがちに思っている人が多く見受けられます。しかし、これは社会人ですから当たり前のことで、ほんとうの逆境ではないことを認識することが大切です。

社会人になると当然、稽古をする時間を確保しにくくなります。独身であれば比較的稽古時間も確保しやすいですが、結婚し、家族ができれば、その時間も大切にしなければなりません。これは社会人として当然のことであり、「結婚したから剣道ができない」「子供が生まれたから剣道ができない」、さらに「仕事が忙しいから剣道ができない」となげいていては、いつまでたっても剣道をすることはできません。

いままで経験したことがない環境のなかで好きな剣道を続けていくわけです。だからこそ職場に理解してもらうにはどうするか、家族に理解してもらうにはどうするかなど、いろいろな工夫が必要となるのです。

さらに剣道を続けるだけではなく、昇段等、技量の向上をめざすのですから、容易なことではありません。しかし、難しいことに挑戦するからこそ価値があります。稽古時間がないことを理由とせず、いまある環境で精一杯、一緒にがんばってみましょう。

逆境もよし、順境もよし、要はその状況のなかで与えられた使命や、自分で定めた目標を見失わないことです。

四、こうして剣道を継続させる

仕事を理由に離れるのは残念

剣道で一番大切なことは、やめずに継続することとです。継続し、修錬していくことで、剣道が持つ内面の哲学的な考え方や思想など、続ければ続けるほど深まっていくからです。また深めることで素晴らしい人々との出会いが生まれます。

社会人になってから剣道を始められた方、あるいは子供の剣道に感化され剣道を始められた方たちは、剣道を単に競技としてではなく、文化としてとらえており、それぞれ独自の観点で興味を持ち、長く剣道を続ける傾向があります。一方、子供の頃より学生時代まで剣道を続けきた経験者が、社会人になって途中で剣道をやめてしまい、それまで培ってきた経験をゼロにしてしまう残念な例もあります。自分自身にとっても、剣道界にとっても、それは大きな損失であることに気付いてほしいものです。

では、学生時代からの経験者が社会人になってやめてしまうのは、なぜなのでしょうか。社会人となった当初は、「仕事と両立する」と強い気持ちで剣道に取り組む姿勢がありますが、少し時間が経つと仕事も忙しくなり、気持ちが萎え、だんだん稽古から遠ざかる傾向があります。また、「仕事に余裕ができたら」と考え稽古を休み、結果的に剣道をやめてしまう人を多く見てきました。仕事に余裕ができることはまずありません。「仕事に余裕ができたら」と考えるのは、マイナス思考です。前にも書きましたが、明確な目標を持つことが大切です。高齢者大会（ねんりんピック等）に出場することや昇段をめざすなど、生涯剣道を目標に持つようにしましょう。

剣道にシーズンオフはない

実業団剣士は、大会をひとつの大きな目標として稽古をします。とくに毎年行なわれる全日本実業団大会（九月に日本武道館において開催）前は、積極的に稽古に取り組んでいる姿勢があります。しかし、大会後は気持ちが切れてしまいがちです。なんとなく「シーズンオフ」と考える人が多いのではないでしょうか。

実際、冬場は試合がほとんどないので、この時期をシーズンオフとして考える人も多いと思います。しかし、剣道に「シーズンオフ」はありません。剣道は一歩一歩修行し進むものですが「守」・「破」・「離」につなげていくには、シーズンオフはないことを自覚することが大切です。年間を通して稽古に取り組む姿勢を強く持つことが重要だと思います。

最近、ワーク・ライフ・バランスの重要性が問われています。仕事と生活の調和、仕事と自分の趣味を両立させる考え方です。その考え方は、剣道を長くやってきたものにとっては、生かすべき考え方だと思います。剣道にやりがいを持ちながら働き、仕事の責任を果たす。そのためには、もう一度自分の時間の使い方を見直してみましょう。タイムマネジメントが大切です。

二十歳代・三十歳代の剣道

参考になるかどうかはわかりませんが、私が剣道を続けるために取り組んできたことをお話ししたいと思います。

入社当時の二十歳代は、選手としてどんな大会（実業団大会以外）にも参加できるような力をつけるため、自社での稽古はもちろん、さまざまな会社の稽古へ出かけたものです。日頃お会いしない先生方や諸先輩の考え、話を聞くことにより自分自身の剣道の向上と継続に大きく影響したと考えています。広く環境を求め、多くの人と知り合い、剣兄、剣友と切磋琢磨することは大いに大切なことだと思います。さらに大会に参加する以上は優勝をめざすという考え方で日頃の稽古に取り組んできました。

また、すぐれた剣道家の試合をたくさん見るようにしていました。私は二十六歳のときに剣道名人戦といわれた明治村剣道大会の運営にかかわり、カルチャーショックを受けました。果たして自分自身が五十歳代になったとき、目の前で試合をされている八段の先生方のような剣道で若い人に感動が与えられるのだろうか……。本気で悩みました。そのことがきっかけとなり、大会出場はもちろん昇段審査にも真剣に取り組むようになりました。

しかし、三十歳代になると、仕事は小規模ながら初めての百貨店事業に取り組むためのプロジェクトチームに所属することになり、ますます多忙になりました。ただ、忙しいときだからこそ剣道の稽古を欠かさないようにしました。全日本選手権大会や国体に愛知県代表として出場したのはこの時期です。

また生活の拠点を名古屋から小牧に移したのを機に、地域との交流、自分自身が習ってきた剣道を何とか広めたい、伝えたい気持ちから、近くの小学校の体育館を借りて小牧本庄少年剣志会を立ち上げました。それと同時に自らの剣道を高めるために、上をめざす者を集め、日曜会の前身である土曜会を立ち上げました。

二十歳代、三十歳代は社内の剣道部にとどまらず、広く活動の場を求めていくことが大切です。井の中の蛙にならないよう地域や地区の剣道連盟の活動にかかわり協力していくことも、実業団剣士として必要なことだと考えています。

本当の剣道は選手を終えてから

実業団剣士は選手生活が終わりを告げるとどうしても稽古と疎遠になりがちになります。しかし、本当はそこからが自分の剣道の始まりです。積極的にクラブの監督や地域のリーダーなどの仕事を引き受け、責任ある立場で稽古に取り組みましょう。責任ある立場になるということは、自分が模範になるということです。剣道が強いだけでは人はついてきてくれません。率先垂範で稽古に取り組み、自分の剣道を高めていきましょう。

私は四十歳代半ばから十年間会社の監督を務めました。週二回の稽古日には必ず道場に立つようにしましたので、部員の出席率もよくなりました。終業時刻が遅かったので、稽古の開始時刻も遅い時間に設定し、休むわけには行かない雰囲気をつくりながら、部員を引っ張っていくようにしました。

剣道を続けていると、次の様なプラス面に接触することができるのではないでしょうか。

・交剣知愛の精神で他人を大事にするようになる
・逆境に打ち勝つ精神が養われる
・「ＰＤＣＡ」による自分自身の分析ができる
・職種を問わず幅広い人脈、人間関係が作れる
・老若男女、年齢にかかわらず剣道談義ができる
・いつまでもチャレンジ精神が持続できる。
・高齢者（とくに退職後）の余暇が充実する。

実業団剣士の中にも当然生涯剣道の考えを持って自分なりに厳しく取り組んで見える方はたくさんいます。その方々に申し上げることはなにもありませんが、若い実業団剣士の皆様が途中挫折されることなく、剣道を継続されることを切望しますと同時に、現在何と

なく剣道から遠ざかっておられる方々、逆境と考えてみえる方々、もう一度竹刀を持って
みてはどうでしょうか。

五、中堅社会人剣士の落とし穴

稽古は常に能動態でいよう

実業人には好むと好まざるとにかかわらず異動がつきものです。部署や部門はもとより、勤務地区の変更など環境の変化は慌ただしく訪れます。それを逆境ととらえるとマイナス思考になってしまいます。職場の環境に慣れるまで一定の時間が必要ですし、剣道どころではありません。しかし、このようなときこそ、剣道にもプラス思考で積極的に続けていきたいものです。仕事のストレスも、未知の剣道仲間と稽古するだけで、解消することもできます。

とくに実業団剣士に劇的な環境の変化が訪れるのは、選手生活が終盤となった中堅社員となった頃です。仕事も戦力として期待され、責任も大きくなります。稽古量が落ちるのは仕方のないことですが、細々でも継続する工夫をしたいものです。

いったん、剣道から離れるとなかなか稽古に復帰できないのが実業団剣士だと思います。久しぶりに試合に出場する機会があっても、大いに気持ちは燃えても、身体も重たくなっており、当然、好結果は得られません。そうなると剣道がおもしろくなくなり、また剣道から離れていってしまいます。負のスパイラルです。

ここでは発想を転換し、稽古を続けることに価値観を見出し、健康と自分の財産である剣道を大事に継続していきましょう。その地道な継続が結果として地力ある剣道につながっていくと考えています。

中堅社員ともなれば、仕事も充実し、家庭も大事な時期を迎えている頃です。従前の稽古量を確保できないのは当然です。月数回でも「必ず稽古をする」という気持ちを持ち続けることをまずは心がけましょう。それが自分で求める、出かけていく、能動態の稽古に変化していきます。

稽古場所は探す、なければ創る覚悟で

経験談の一例を記載します。昭和五十年頃から名鉄体育館で愛知県剣道連盟が毎月二回強化稽古会を実施していましたが、都合により終了となりました。そこで当時、七段をめざした仲間五、六名で同じ名鉄体育館で立ち上げたのが土曜会でした。しかし、しばらくして名鉄体育館が使用できなくなり、名古屋市中心地にある東別院の洗心館道場を、少年剣道が使用しない日（水曜日）にお借りして稽古会を継続したのが水曜日に行なう土曜会でした。

七段目標者を中心に高段者の稽古会で幅広い業種の方々が常時三十名は集まり切磋琢磨を図ったものです。また他県から転勤してきた実業団剣士も多く参加し、盛況でした。約十五年続けましたが、会場が使用できなくなったことと私自身の転勤が決まったことにより、土曜会は解散しました。もちろん会社の剣道部の稽古もできない状況です。このままではまったく剣道ができなくなってしまいます。

しかし、今一度稽古に取り組まねばと考え、今度は地元小牧市で道場を探したところ、

小牧城下に道場がありました。日曜日の夜なら稽古ができると考え、さっそく稽古勧誘の文章をつくり、希望者を募ったら思いのほか反響がありました。これがいまの日曜会です。

日曜会については度々紹介しているので詳細は省略しますが、まずは「今よりは強くなろう」という目標のもと稽古に取り組むことにしました。とくに互格稽古ばかりしていた方々でしたので徹底した基本稽古から行なうことにし、これが結果的に好評を得ることができました。

会員の職業は実業団・自衛官・刑務官・教員・医者・消防士・看護士・主婦・学生・自営業など多種多彩です。現在は常時、三十五〜四十五名の参加があり、ほんとうにありがたく思っています。

時間がないことを理由にしない

能動態で稽古をしようと書きましたが、とかく実業人はマイナス理由を表に出し、ついつい稽古から遠ざかりがちです。遠ざかる理由として「時間がない」を口にする人は多いのではないでしょうか。重要なのはタイムマネジメントです。

もう一度、自分の時間の使い方を見なおしてみましょう。中堅社会人はタイムマネジメントが重要です。仕事の進め方は自分で考えなければなりません。

以下、タイムマネジメントの例です。

・仕事の手順を変える（ルーティンワークを非ルーティンワークに等）
・代替えプランをもつ（深く考えるクセをつける）
・断ることも大事（流されない強い気持ち）
・先延ばしをやめる（即行動するクセをつける）
・優先順位に節度を持つ（朝の通勤時間はメールや読書の時間ではなく、準備の時間）
・同時に複数作業で時間短縮（効率のよい作業）
・締め切りを自分で宣言（締め切りを設定）
・バランスを取って仕事をこなす
・作業時間を記録する（次回の作業効率化に生かす）

以上のことは稽古においてもいっしょです。いかにして時間を生み出し稽古にプラス思考で臨むかが実業剣道人の心構えでしょう。

タイムマネジメントは若い頃から身につけたほうがよいです。最近、ワーク・ライフ・

バランスの重要性が問われています。「仕事と生活の調和」です。好きな剣道にやりがいの実感をもちながら、働き、仕事の責任を果たす。仕事だけに偏重せず生活のバランスを取ることが最近のサラリーマン病の対策となり、健康維持へとつながっています。

魅力ある道場を探そう

我々実業人は、限られた時間のなかで稽古をするしかないので、量より質を高めることが必要です。土曜会や日曜会で書きましたが、稽古場所を確保するということは大切なことです。しかし、場所があればよいというものでもありません。

自分のホームグラウンドとなる稽古場所、自分自身の向上につながる稽古場所を選ぶことは非常に大切なことですし、なかったら自ら創り出すくらいの気概を持ちたいものです。ホームグラウンドというと、とかく自分の住んでいる場所（近距離・短時間）を考えるかもしれませんが、自分にとってほんとうに魅力ある道場をホームグラウンドとすべきでしょう。

極端な例ですが、レストランにもさまざまありますが、リピーターが多いお店は、お客を引き寄せる魅力（内容・味など）があるということはだれでもわかっていることです。道場も同じではないでしょうか。「ここで稽古をしたい」と思える道場というのが大事です。

わたしも稽古会を主宰していますので、以下のことを常に振り返りながら稽古しています。

一、正しい指導を心がけているか
二、会員の剣士が向上心をもってくれているか
三、生涯剣道への意識を持ってもらっているか

また、剣道は「味」や「香り」を求めることは非常に大切なことと考えています。個々人の味、道場全体の味、そして香りのある稽古場（日本伝統文化継承）を求めています。このような条件をそろえることができれば魅力ある稽古会になると思うのですが、反省の日々です。

六、こうして剣道力を活かす

我々一般愛好家は仕事と剣道の両立をはかりながら稽古に取り組んでいます。仕事が第一であることはいうまでもありませんが、仕事を理由にして剣道から遠ざかるのももったいない話です。剣道修行が仕事を充実させ、仕事が剣道を充実させる。そのような相乗効果もあるからです。

一般愛好家は、周りの環境（会社・家族等）の協力と自分自身のタイムマネージメントによって稽古の時間をねん出していると思います。貴重な稽古時間だからこそ、内容を大切にして取り組むことはもちろんですが、さらに貴重な稽古時間から得たことを実生活で活かしたいものです。それが剣道を続ける醍醐味ではないでしょうか。

剣道修錬は生活修錬である

剣道の向上を自覚すると仕事に取り組む気持ちも大いに充実してくると思います。稽古で理想の一本が打てた、試合でいい技が出せたときは仕事も充実していたという経験をだれもがお持ちではないでしょうか。反対に仕事が充実しているとき、稽古に行く時間など本来はつくれないのかもしれませんが、このようなときはきちんとタイムマネージメントができ稽古時間も確保しているものです。

剣道の修練は単に技術の習得にとどまっていてはもったいないと思います。せっかく貴重な時間を割いて行なう稽古ですから、稽古を通じていかに生きるかという問題まで考えるようにしたいものです。剣道を通じて、自分自身を見つめなおすことができれば日常生活も充実するはずです。剣道で学んだことを実社会に活かしていくことが、剣道を続ける意味合いではないでしょうか。

周知の通り「剣道は礼に始まり礼に終わる」といわれるように礼法をとくに大切にしています。社会秩序を保つための生活規範である礼法ですが、仕事や家庭生活でも「礼に始まり礼に終わる」を実践することができれば、人間関係がうまくいきます。まずは相手に敬意を払うことです。敬意を払えば、認めてくれます。相手を尊重した生活に心がけることが大切です。

そのような考えのもとに、技術修錬では有効打突を求めて稽古をします。有効打突は「充実した気勢」「適正な姿勢」「打突部」「打突部位」「刃筋正しく」「残心」などの条件がすべてそろって初めて認められます。一つでも欠けていると有効打突にはなりません。有効打突の条件は、とくに実業人が業務にあたる場合や日々の実生活に大いに生かしていかなければならないと考えます。また、生かさなければならないキーワードです。

有効打突の条件で生活を考える

わたしは有効打突を日常生活と次のように結びつけて考えています。ややこじつけの面もありますが、こう考えると生活が剣道修行になりました。

●充実した気勢

朝一番の気持ちが大切です。朝起きたときから充実した気持ちで通勤、社業に取り組む。

この心がけでその日一日の良し悪しが大きく変わると思います。気持ちが入っているので相手との接し方や会話、仕事の成果や進捗のスピードも違ってくるでしょう。

●適正な姿勢

剣道のなかで「姿」をつくり出すことは大切なことですが日常の生活でも「姿」は重要なことです。

自然体の姿勢や好感のもてる服装は目で見えるものであり、健康体で正しい姿は何をするにしても周りにいい影響をもたらすものです。さらに実業人は「心の姿勢」をもつことも重要です。業務に対する積極性や会社の方針や方向性に沿った進め方やコミュニケーションを大事にする姿は円滑に業績を伸ばすことにつながります。

●打突部

打突部はポイントです。的確な指摘で、改善点・問題点を押さえ、より効果の出る考え方や進め方を実施します。

●刃筋正しく

刃筋正しくとは、会社でいうならば社長・社針に沿った考え方を持ち、社業発展に率先し努めることです。人生においても「守・破・離」の考え方をもって日々生活につとめることです。

●残心

残心は打突後の気構え、身構えですが、このことは気持ちを切らさず次につなげることです。昔から靴や下足などは必ず揃えて外向きに整理しなさいと教わりました。また食事が済んだらその日のうちに洗いなさいと教わりました。このようなことが残心だと思います。

自分や次の人がすぐに履ける、次にすぐに食事の準備にとりかかれるなど、次の行動がしやすい、次につなげる心がけそのものだと思います。社業でも過去のデータのチェックと次の展開への準備・予習など残心そのものであると考えます。

理論より実行が大切

剣道は「理論より実行（まずは徹底して体で覚えよ）」とよくいわれます。一本は有効打突の条件により生まれますが、打った瞬間は身体が仕事をしているので自分ではわからないものです。あとから分析してみると、この要因と、あの要素が、こうだから、一本になったと客観的にわかってくるのですが、一本は咄嗟の判断で打たなければなりませんので、そのような時間がないのは周知の通りです。

仕事も理論だけでなく実行が伴わなければならないと思います。昨今は世の中の流れが速く、迅速に対応することが求められます。判断の躊躇がビジネスチャンスを逃してしまうこともあります。経験の積み重ねによる、推論で進めていかなければならない局面もあります。剣道でも百パーセント自信をもって打てることは滅多にないのと一緒です。推論を勘と呼ぶこともあります。

勘というと、あてずっぽうのような誤解を与えるかもしれませんが、勘というものは必ずしも知識や情報を無視するということではありません。むしろ、あらゆる情報に興味を持ち、そこから生まれてくるものと思います。理論や体系的な知識も大切ですが、それだけでは解決できない問題もあります。

我々は理論だけでは説明できない一本を求めて日々稽古しています。このような話を、私が主宰する日曜会でお話ししていますが、多忙の中、遠方からも多くの方々が参加してくださっています。

そのなかで会員の実業団剣士である古沢麻衣さんが全国青年大会女子個人の部で優勝し、

鶴田典子さん（ブルボン勤務）が業務の多忙のなか時間を割いて稽古に参加、努力の結果九月に姫路で行なわれる全日本女子選手権大会に愛知県代表で出場したことはほんとうに嬉しいことです。一般剣道愛好者にはいい刺激をもたらしてくれていると思っています。

七、5S活動のすすめ

きびしい経済不況のなか、会社や組織はよりよい結果を得るため、合理化や改善を図っていますが、その「有効な手段」の第一歩として無理、無駄、斑（ムラ）の削減への取り組みを推進しているところは少なくないでしょう。

無理＝道理に反する、行なうことの困難なこと
無駄＝役にたたないこと、甲斐がないこと
斑＝気の変わりやすいこと、不安定のこと

前記の三つのキーワードは剣道の効果においても大いに共通するのではないでしょうか。
この三つをできるだけ改善する意識をもって稽古へ取り組むことは充実した内容と好成績につながっていくものと考えます。

無理をして体を壊してはいけない

剣道はきびしい稽古は当然のことで、きびしさを経験し通りこしてきてはじめて剣の修行でいう「守・破・離」の考え方につながっていくものと思います。しかし、自分の体調や体力を考慮し稽古することは大切なことです。無理な稽古は一番の大敵です。言葉を変えて表現すると無茶な稽古は禁物だと考えます。

一、体調不十分なときの稽古
二、体力以上の無謀な稽古（時間、内容）
三、相手に対する禁止行為、傷害につながりそうな稽古（待ち突き、無謀な体当たりなど）
四、悪環境状態での稽古（高温多湿・適正な床板でない場所・悪通気性など）

以上の事項には大いに気を配るべきです。

健康な体、健全な精神状態があってこそ充実した気持ちで稽古に臨めるもので、次のことには大いに心がけたいものです。

一、健全な生活の実施（暴飲暴食のつつしみ、十分な睡眠など規則正しい生活）

二、時間的に余裕ある生活（業務の調整）

生涯をとおして剣道を続けることはすばらしいことであり、そのために体を壊さないことです。社業や家庭生活に支障をきたすような稽古は避けるべきです。ただし「甘え」と「無理」は違うことだけは心得ておきたいものです。

常に有効打突を求める

無駄なことはできるだけ避けて効率よく有効な稽古に務めたいものです。具体的には有効打突を常に求めることとです。本番だったら旗が上がるかをいつも意識して稽古をすることとです。そのことで真剣味が増し、気力も充実した稽古になるはずです。常に一本一本の技を打ち切ることが大切です。その一本が外れたとき、すぐに次の打突へと移ります。それが本当の連続技と考えています。ただ単にフェイントの技や相手を惑わすための連続技は本物ではないと思います。刀ではできません。打ち出す一本の技の大事さを認識すべきです。そうすることで無駄打ちが減っていくのではないでしょうか。

竹刀は刀という考え方ですからとくに初太刀は大切です。「初太刀一本、千本の価値」、学生時代指導を受けた恩師森島健男先生の教えです。初太刀一本で決めた打突は失敗して二本目以下、千本決めるよりもはるかに価値があるという意味です。

無駄のない稽古を考えるとき浮かぶのが学生時代の稽古です。森島先生の指導法で、合理的でかつ厳しく無駄のない指導法を四年間受けました。区分稽古です。

「一、試合同様の心境での互格稽古、二、打ち込み稽古、三、懸かり稽古、四、体当たり、五、切り返し」、この内容を連続した流れで行ない一セットとします。これを数回行ないます。たいへん厳しい稽古法です。限られた時間で大きな効果をもたらすこの稽古法は、小牧日曜会でもときどき実践しています。

斑のない心境で稽古をする

稽古や試合で「あの人は斑《むら》がある」と表現することがあります。社会人剣士の場合、この起因は心の状態がベストでないこと（仕事や生活の状況がうまくいかないなど）がほとんどではないでしょうか。人間は常に心も体力もベストの状態はむずかしいでしょう。とくに社業後の稽古は非常に疲れたなかで取り組まなければなりません。

しかし、稽古するにあたっては常に充実した心構えで臨まなければ相手にたいへん無礼で嫌な思いをさせる結果になると考えます。手抜きした稽古は禁物です。したがって気持ちのいい稽古をするには、その日の段取りや計画をしっかり立て余裕をもって稽古に臨むことが肝要です。

よって日常生活が正しいサイクルで動いていることが重要です。行き当たりばったりの考えや行動では仕事もうまくいかないし、剣道も同様な状況になると思います。仕事は段取りよく計画的に時間内に終わることが大切です。仕事がうまくいき認められると剣道も大いに前向きになり上達するものです。逆に剣道が上達すると仕事にも意欲がわき起こるのは大いに不思議であります。試合でいい結果が出ると必ず仕事も意欲的になります。

推奨したい５Ｓ活動

大半の企業は効率化（無理・無駄・斑の排除）を図るためにだれでも取り組める基本的な５Ｓ活動を行なっています。５Ｓとは（整理・整頓・清掃・清潔・躾）です。これを剣道にも取り入れてはいかがでしょうか。

一、整理＝必要・不必要を明確に分けて、不必要は思い切って捨てる
二、整頓＝整理し必要なものを正しく整えること
三、清掃＝常に掃除をし、きれいに保つこと
四、清潔＝整理・整頓・清掃を実行し清潔を務め維持すること
五、躾　＝ルールの明確化と正しく守る習慣を身につけること

整理（心の整理、技術の整理、指導を受ける心得、剣道防具・備品等の整理など）（計画に従った取り組みの実践）

整頓（防具の適正な置き場所、正しい仕舞い方、分かりやすい表示、いつでも取り出せる保管、などを継続していく習慣）

清掃（道場、関係場所の細部までの清掃による怪我などの防止）

清潔（整理・整頓・清掃を実行し清潔による健康維持）

躾（剣道の目的の認識、礼法や規則・規定・細則などの熟知と実行）

この5Sを意識してくり返し、実行定着化していくことが仕事の無駄、剣道の無駄の削減、安全の確保、モラルの向上、剣道資質の向上等々で、日常生活の正しいサイクルにつながっていくのではないでしょうか。子どもの頃に誰しもが習ったことです。実業団剣士

の皆さん一緒にもういちど原点に戻ってみませんか……。

八、通勤時間は頭の準備体操

今日はなにをする。組み立てを考える

一章で、目標達成のために「作」と「演」という考え方について書きましたが、これは長年従事したスーパー業のなかでの考え方です。「作」とは「日曜会八項目」を含むシナリオであり、本部の政策、方針、企画、戦略、戦術です。「演」とは実際にシナリオどおり進み、現場での見栄え、感動の演出ができたかどうかです。この二つはまさに車の両輪のごとくです。仕事の中で生かされた考え方ですが、これをわたしなりに剣道の取組み方に取り入れたものです。

方針、企画、戦略、戦術につながる「作」は非常に重要です。「作」は必ずしも道場とか限られた場所が必要ではありません。わたしに限らず、大方の人が朝起きたときから今

日一日の過ごし方、仕事についてスケジュールの確認・段取りについて考えているのではないでしょうか。もちろん会社でのポジションによって段取りの仕方も異なるかと思いますが、まずは一日の基本的な流れのなかでなにを最優先すべきか、なにが最重要事項かと考え順次消化し、次の事項へと一日の限られた時間の中でもっとも有効な進み方・結果をつくり出すことが大切と考えます。これらは日々意識して行なっている場合も無意識に行なっている場合もあるかと思いますが、意識せずにこれらのことができる状態になっていることが有効な結果を生み出すことにつながるのではないでしょうか。頭と時間さえあればどこでもできることです。したがってわたしは「作」を練るのに通勤時間を利用するように心がけています。

わたしが実践してきた段取り方法

段取りのなかで重要なことは、次の四項目からなっていると考えます。この項目を一連の流れとして取り入れていく必要があります。

一、気持ち（心構え）

気持ち（稽古意欲）は、すなわち心構えです。とくに重要でここからが出発点です。

・稽古への信念（必ず決められた日は稽古にいくのだという強い信念）を持つ
・日々考えをもった稽古をする
・日々工夫を意識した稽古をする

二、時間

時間を前向きにコントロールすることが上達につながります。

実業人はとかく稽古の時間を取ることが難しいものですが、仕事の段取りをうまくつけて稽古時間をつくり出すことが重要です。学生時代は時間を作り出さなくとも稽古ができる環境にありましたが、実業人は「自主的に稽古時間を作り出す」ことが重要ではないでしょうか。

・自分で時間をコントロールする（就業時間内の仕事の完了、必要以外の酒席、娯楽などの拒否）
・通勤時間、休憩時間などの有効活用
・短時間の有効活用による稽古（無理、無駄、斑をなくした有効な時間活用の稽古）

三、場所

稽古場所は人に与えられるものではなく自分で創り出すものです。

・組織的、定期的に稽古のできる場所の確保（会社等の剣道部など）
・自分の時間コントロールにより稽古できる場所の選定確保
・自分の向上にプラスになる稽古場所の選定
・仲間を集め自分で稽古場所をつくる。

四、稽古

いちばん大切なのはその日の稽古に取り組む気持ちでしょう。自分自身すべてを出し切ることが肝要です。

・簡単かつ成果の上がるものから実施（日々同じことを訓練することも大事）
・常に基本を忘れない心がまえ（礼式、着装、姿勢、気勢）
・基本稽古の実施（正確な技、とくに仕掛け技中心に、割る剣道・打ち切る剣道への展開）

上記のような計画段取りを取り入れ日々意識して行動を実施することが成果につながっていくと考えています。

通勤時間をトレーニングに転用

唐突ですが、わたしの卒業した小学校は小高い山の上にあり、眼下に町を一望できる展望のよい場所にありました。当時は体が弱く毎朝の通学は険しい山道を登るためたいへん辛いものでした。本来の道で通学をするのではなく、時間を短縮するためにわざわざ険しい道を選んで通学をしたせいでとくにつらく感じたものでした。しかし、いま振り返ってみるとそのことがいつの間にか自分では気づかないうちに足腰を強化し、丈夫な体に変貌させていったようです。なんでもない小さなことと思っていましたが、いかに毎日の積み重ねが大切であるかということではないでしょうか。

現代はそのような環境があまり考えられませんので、自主的に日々のトレーニングを取り入れるようなことを考える必要があると思います。とくにまとまった時間の取りづらい実業人は先ほどの頭の準備体操といっしょで通勤中の時間を有効に使い、実践してみてはどうでしょうか。日々の稽古を有効にするために、わたしなりに次のような簡単なトレーニングを実践するよう心がけました。結構有効なものになったと思います。

まず剣道では、わたしは足腰の強さが絶対不可欠なものであると考えています。したがって日々の生活のなかでのなんでもないことを自分なりに利用することを考えました。「歩くときはただ単に歩くのではなく、つま先で蹴るようにできるだけ速く歩く」「電車通勤などではいくら空席があっても座らない」「電車の動きに対して踏ん張る」「車内でつり革などのつかまるものはできるだけ左手を使用する」「階段はできるだけ二段ずつ上がる」などです。

日常生活で利用できるものを見つけ出し、活用することが大切です。そしてもっと重要なのは、だれでも考えつくことを実践、継続できるかどうかです。

二兎を追うことに意義がある

総じて剣道経験者はよく働くし、人付き合いもうまくできます。ただ実業人の剣道はほとんどの人が忙しいから、時間が取れないから等々の理由から中途な稽古状況になりがちです。剣道で人生のお世話になった部分をもっと大事にすべきではないでしょうか。そう考えるともういちど原点に戻ってみたらどうでしょう。剣道を求めながら仕事を一所懸命やる。そんな姿勢が大切ではないでしょうか。二兎を追うことに意義があると思います。

だれのために剣道をしているのか……もういちど自分に問うてみることです。実業人の目指すものは選手生活が終わってからが本物の剣道の修行だという意識に立てば、剣道をもっと求めてみようと思うようになるはずです。したがってその途中にある目標を設定し、常に前に向かってチャレンジが必要です。

たとえば審査を目標と考えた場合、六・七段審査で十ないし十五パーセント前後の合格率であるのに対し九十〜八十五パーセント受からないから大変だと考えるのか、十五パーセントに入ればよいと考えるのか、大きな違いです。八段試験でも同じで二パーセント以内に入ればいいと考えるのか、九十八パーセント受からないから大変だと考えるのかで大きな違いがあると思います。プラス思考が大切ではないでしょうか。いずれにても合格率は〇パーセントではないのです。

プラス思考により最終的には剣道だけでなく、竹刀、業務を通し「PLAN・DO・CHECK・ACT」のくり返しにより人生そのものの「守・破・離」の修行と、目標達成への強い信念のリーダーシップのとれる人物をめざすことが大切ではないでしょうか。

九、基本の延長線上に応用がある

実業団剣士の皆さんは「剣道の基本」といったときになにを思い浮かべるでしょうか。「剣道の基本」には「礼法」「基本動作」「基本稽古」があります。この三つはどれをとっても疎かにはできない項目です。

基本稽古は「約束稽古、打ち込み稽古」のみならず、「切り返し、掛かり稽古」も基本稽古であることを認識しているでしょうか。

剣道の稽古で基本稽古が大切なことは大半の人が認識していると思いますが、実業団剣士のなかでほんとうに重要と考え取り組んでいる人がどれだけいるでしょうか。「剣道試合・審判規則」では、有効打突とは「充実した気勢、適正な姿勢をもって、竹刀の打突部で打突部位を刃筋正しく打突し、残心あるものとする」と規定してあります。すなわち「気剣体一致の技」です。これはまさに「剣道の基本」そのものです。この基本の積み重ねにより高度で洗練された技術を身につけることができるのではないでしょうか。

専門家は基本稽古をしているから強い

多くの人は、警察で剣道に打ち込んでいる人たちを専門家と考えていると思います。治安安定のため一般の警察官や関係人に剣道を指導するための自己の修錬は大いに認めるべきであると考えますが、ややもすると実業人はその強さを環境的に恵まれているからと考えている人が多いと思います。

二年前から全日本都道府県剣道優勝大会の愛知県チームの監督をさせていただいておりますが、選手強化を警察の協力により合同稽古でお願いしています。そこで再度認識したのは、警察剣士は稽古の多くの時間を基本稽古に割いているという現実です。試合で活躍している状況から、ついつい「試合稽古・互格稽古」などが中心の稽古内容かと思いがちです。しかし、警察剣士が強いのは「基本稽古」に充分な時間を費やしているからでした。試合で確実に有効打突となるのは、「気・剣・体一致」の技です。これらは基本技の稽古を基礎として成り立っています。そのことを特練員との合同稽古で再認識しました。

どうしても我々社会人は稽古時間が少ないため地稽古中心の稽古になりがちですが、少ないからこそ、なんとか基本稽古の時間を捻出する必要があると思います。基本稽古の延長線上に応用（互格稽古・審査・試合）があるのであり、互格稽古の準備運動として基本稽古があるのではないのです。

基本稽古と運動はここが違う

われわれ実業人は時間を有効に使い、効果ある稽古に務める必要があります。そのためにはまず稽古に取り組む姿勢が重要です。いろいろな考えがありますが、とりわけ次の事柄は大事ではないでしょうか。

一、だれのための剣道をやっているのか
二、謙虚に教わる気持ちで取り組んでいるか

もう一度自分に問うてみてはどうでしょうか。そうして考えると基本稽古を単なる準備運動と考えるのは大いに間違いだと気づくはずです。

一、姿勢（悪癖の姿勢の是正）
二、呼吸（下丹田からの気の呼吸）

三、構え（気勢を込めた懸待一致の構え）
四、足さばき（多彩な応じ技を支える足さばき）
五、間合（遠間、一足一刀の間、近間の効用の熟知）
六、残心（気勢、体勢の身構え、心構え）

注意すべき項目は多々ありますが、とくに上記の項目は大事だと考えますが、さらに重要なのは「理合」を入れることです。「理合」を入れることで生きた基本稽古につながると思います。運動は体を使い体力を養います。稽古はそれだけで終わるのではなく「稽古とはいにしえを考える」ですから、先人の教えを考え、工夫するという意味を含めて取り組む必要があります。このことは剣道でいう「守・破・離」につながっていくものと考えます。

人数が少ないときこそ基本稽古を

地元小牧市で稽古会を実施いたしておりますが、発足当初より稽古内容には基本稽古は多く時間を割いています。当初は一般人の集まりですので、決して理に適った基本稽古とはいえない人が大半でした。もちろん私もその一人ですが、しかし年数を重ねるごとに会員の皆さんの上達はすばらしく、これは全員一人ひとりが前向きに取り組んでいるからだと思います。基本稽古を行なうことで、自分の剣道を見つめなおすことができると考え、前向きに剣道に取り組む気持ちにつながっているのではないでしょうか。

日曜会の現在の基本稽古は、面をつけ「木刀による剣道基本技稽古法」から入ります。この稽古法は「構え・目付け・打突・足さばき・掛け声・残心」などに重点をおいていますので、気・剣・体一致を身につけるよう進めています。十年間で述べ百人以上昇段することができたのも、基本稽古を大切に行なった効果だと思っております。

八段受験前、私自身もいっしょに基本稽古に取り組み、気・剣・体一致を身につけるべく下位の者にかかりました。そのおかげで好結果につながったと考えています。「弟子もまた師の師なり」です。

実業団の稽古では、勤務時間、勤務部署、勤務地などにより一堂に会した大人数で稽古することはきびしい環境だと思います。したがってどうしても少人数の稽古会になってしまい、互格稽古中心の短めな稽古で終わるきらいがあります。このようなときこそ基本稽古を取り入れて実施してみてはどうでしょう。稽古の中心を基本稽古に変えることで、三十分で終わってしまっていた稽古も一時間の稽古内容に変わるはずです。また二人しか集まらないとき互格稽古を中心にすえていると人数が少ないからとやめてしまいがちですが、基本稽古ならば十二分にできます。もっとも効果のある稽古に変わると思います。

海外赴任で突然指導者になることも

剣道もＦＩＫ（国際剣道連盟）を中心に世界に広がっています。世界剣道選手権大会も回を重ねるごとに隆盛となっております。すばらしいことだと思います。願わくば日本伝剣道が正しく指導され、正しく理解され、発展していくことが大切なのは誰しも理解しているところです。「全日本剣道連盟」から世界各地に立派な指導者が派遣され、普及に努めてみえます。

先般、インドネシアに派遣され大会参加と指導へ出かけました。そのときに印象に残ったのは、海外勤務により実業団剣士の人たちが現地で指導に当たっていたことです。立派な指導でした。そうして考えてみたとき、世界各地で剣道に携わるのは海外勤務が多い実業団剣士ではないでしょうか。だからこそ間違った剣道を普及してはいけないと考えます。

基本動作、基本稽古をしっかり身につけておいてほしいものです。とくに剣道の基本は精神面が多く盛り込まれていることを理解して指導しなければなりません。武士道、剣道哲学をしっかり身につけていていただきたいと思います。神を敬い、国家を愛し、師を仰ぎ人を大事にする『敬天愛人』の理想のなかに剣を交える。『交剣知愛』の精神を含めた指導に心がけなければならないと考えます。外国人はこの『リスペクト』の考え方に大いに興味があり剣道を学んでいる人は大勢います。

したがって実業人剣士ほど本物に近づく気持ちで基本に取り組んでいただきたいと思います。この基本動作は常々の業務に大いに通じるものがあると信じ生かしていただきたいと思います。

十、木刀による剣道基本技稽古法を学べ

剣道再開者はケガのリスクが高い

剣道で一番大切なことは、やめずに継続することですが、途中でやむを得ない理由で剣道から離れてしまうのも事実です。しかし、剣道から離れてしまった人々が再開するチャンスがあります。結婚して子供が生まれ、その子供が剣道を始めたときです。また、久しぶりに、剣道の試合や稽古を見たときも再び竹刀を握ろうという気持ちにさせてくれるでしょう。きっかけはどうあれ、竹刀を握っていただくことは一剣道人としては大変うれしいことです。

しかし、剣道再開者は、昔取った杵柄で、自分は速く打てる、遠くからでも打てると過信してしまいがちです。過去の自分と重ね合わせて気持ちだけはあたかも継続して来たか

のように動いてしまうのですが、そのことが災いし、アキレスを痛めたり、体の故障を引き起こしたりすることが少なくありません。また、大人から剣道を始めた方々も頭では理解できるものの、身体で理解できないがために無理な動きをしてしまい、やはりアキレス等を痛めてしまいやすいものです。

そこで私が経験した実に安全で効果のある稽古法を紹介したいと思います。愛知県教育委員会から委嘱を受け、中学、高校の教職員（保健体育）の先生方、約四十名に対し、実技講習会として四日間指導させていただいた内容です。中学校では平成二十四年度から武道が必修科目となりました。受講生の先生方の大半が中学校の教員で、剣道経験はほとんどない方ばかりでしたので、基本から指導するようにしました。

木刀による剣道基本技稽古法で基本を伝える

この講習会はわずか四日間、しかも全員を初段や一級受験ができるレベルまで持っていかなければなりませんでした。一日一日が貴重な時間でしたが、あせらず初日は木刀による剣道基本技を徹底して実施しました。剣道の技の仕組みを理解していただきたかったたからです。木刀による剣道基本技稽古法の解説書では、「構え」「目付け」「間合」「打突」「足捌き」「掛け声」「残心」を重点事項として取り上げています。講習会ではこれらを踏まえ、とくに四つの項目に重点を置いて指導をしました。

「足捌き」

すり足の徹底、送り足の徹底、踏み込み足の徹底（引付け足の徹底）。なんとなく、大人に取って、こんな事と思っている人が多いのですが、実際やってもらうとうまくいかない人が大半です、なぜならば、すり足・送り足は日常生活（日常生活は基本的には歩み足）では、ほとんど使わない足運びです。しかし剣道では一番重要な足捌きで、必ず身に着けなければならないことです。さらに踏み込み足と一体化させることがうまく身に着くと、技と体の運びが一致し進歩が早いと考えました。特に引き付け足を早くすることで腰の移動が容易になることで体の崩れを防ぐことにつながることを説明しました。

「構え」

中段の構えとし、その中でも特に、正しい木刀の握り方（小指・薬指・中指の握りと人差し指、親指を前方へ向けた握り方）の重要性を説明し、そこから竹刀への握り方へと移行しました。木刀の正しい握り方を覚えてもらい、その形のまま竹刀を握ってもらうと横から握ることが少なくなります。刃筋を意識した打突、手の内の作用の重要性などを理解してもらうのに役立ちました。

「間合」

三種（遠い間合・近い間合・一足一刀の間合）の間合の理解。打突は一足一刀の間合から行ないますが、一人ひとり、その間合は違います。木刀による基本技稽古法で実際に自分の打てる間合を体験させることで、自分の打てる間合が理解できます。無理な遠い間合からの打ちは体が崩れてしまい、逆に近すぎると「物打ち」で打突することが出来ません。この間合の習得は次の打突の項目へと繋がります。

「打突」

打突部で打突部位を的確に捉える。充実した気勢と適正な姿勢で、木刀で刃筋正しく一拍子で「気・剣・体一致」で打つことの重要性を説明しました。木刀による打突を繰り返すことで、竹刀で打突したとき、的確に打突部位を捉えることが容易になりました。

前記の基本的なことを四日間、毎日注意徹底して実践した結果、全員素晴らしい進歩が見られたことに、こちらも驚きました。わずか四日間で初段や一級以上の剣道の姿になりました。それは、子供と違い、大人の高い理解力と体育教員という身体能力の高さが重なったこともありますが、間違いなく木刀による剣道基本技稽古法の効果は絶大だとつくづくと感じています。

この経験から大人になってから剣道を始められた方や、剣道を再開した方は、あせらず木刀による剣道基本技稽古法に取り組むことが上達の早道と確信するようになりました。

剣道は四つの心の修練をしている

剣道の修錬をしているうちに、心の勉強をしているのではないでしょうか。初心者の方や剣道を始められる方に精神面でのプラスになる修錬をわかりやすく説明し、興味を深めさせることは、剣道愛好家を増やすことにつながると思います。講習会でも以下の項目を説明しました。

「心理学の勉強」

相手の心をしっかりと読むことを自然と行なっている（相手が面に来ると思うから胴を打つ、小手来るから抜いて面を打つ等）。

「自分の心の整理が大切」

恐れ・驚き・疑い・迷うの心の四戒を克服することで自分の技が容易に出せる。

「相手を敬う心」

相手の決められた部位をしっかりと打とうとする心、打ちが外れた場合には相手の痛みが分かる、あるいは危険な部位は打たない。もし叩いたとしたらすぐに「ごめんなさい・申し訳ない」と誤る。この事が最初から相手を敬いながら対戦していることにつながっている。

「師弟愛の増進」

人に教える、指導すると必ず強くなって欲しい、上手くなって欲しいと思えてくる、このことで自然と昔からの師弟愛の心が深く生まれてくる。

この講習会の最後は、このような話で締めくくらせていただきました。心理学＝生徒の心を理解、敬う心＝人を大事に思う、自分の心の整理＝平常心・克己心、師弟愛＝指導的立場の心境などを伝えたいと考えていました。

十一、工夫の仕方を工夫しよう

イメージづくりから始めよう

剣道修行に「守破離」の過程があることはだれしもが知っていることだと思いますが、「守」は先生の教え、基本を身につける段階、「破」はさらに自分の考え、工夫を加え、ひと皮剥けた成長の度合いを表すものです。

稽古はだれしもなんらかの考えをもって取り組んでいるはずです。工夫をまったくしていない人はいないはずです。すなわちだれしもが「破」、「離」へと進化を求めていますが、なかなか思うようにはいかないのが現実です。なぜ思うようにいかないのか。問題はその工夫の内容とやり方ではないでしょうか。時間的に制約される実業団にとってはできるだけ効果の上がる工夫を実践することがとくに重要なことです。

工夫の必要性を感じるときは、以下のようなときではないでしょうか。
一、なんとか相手を打ちたい（強さを身につけたい）
二、スムーズな体さばきを身につけたい
三、上位者のすばらしい技を身につけたい
四、第三者が認める剣道をしたい
五、自分の特性を生かした剣道をしたい
他にもあると思いますが、このような心の感性が稽古における工夫の原点である「なぜ」が起因となります。しかし、現実になにをどう工夫したらよいか、なかなか具体的にイメージすることは難しいものです。よって、イメージを明確にするために、まず見取り稽古をしっかり行なうことをすすめます。立派な先生の稽古、いい試合における一本の技などを意識して見ることです。必ず工夫の目標がみつかるはずです。その明確になった目標を自分なりによく研究し、ＰＤＣＡの取り組みにてくり返し、実践していくことが重要です。ＰＤＣＡとは、ＰＬＡＮ（計画）、ＤＯ（実行）、ＣＨＥＣＫ（評価）、ＡＣＴ（改善）です。

さらに上位者に相談・質問する習慣を身につけることです。その手助けとして指導者、先輩諸兄の上位者はそれぞれ個人の工夫に協力していくことが大切なことではないでしょうか。個々に伸びるポイントを的確に指導、手助けする気持ちが大切です。もちろん本人の素直に聞く心と前向きにとらえて努力することがいちばん肝要です。

以下、私が工夫してきた稽古を紹介します。

下がらない覚悟で稽古をする

剣道は攻撃が最大であり、攻撃のみで有効打突を得ることができたら、防御をする必要はありません。「受ける太刀は打つ太刀、打つ太刀は受ける太刀」と教えています。前へ出る仕かけ技が剣道の本質であり、稽古では、その考え方をもって臨むべきです。それが必然的に懸かる稽古につながります。とくに実業人は環境的に厳しい稽古の機会は少ないと思われます。そのような稽古で上達は期待できませんので、絶対に下がらない覚悟で稽古をすることをおすすめします。

我々が子どもの頃の道場は大半が狭いところでした。また学校でもいまと違い武道館や体育館など立派な施設はなく、狭い教室や竹刀がぎりぎり振れる場所が大半でした。上位者に壁まで追い込まれて板を背に稽古したことを今も鮮明に覚えています。それゆえ必然的に前に出るしかなく、相手の竹刀をなんとか崩して打ち込むしかない稽古をするようになっていました。必然的に相手を崩す稽古につながっていたのです。

現代は、施設が立派となりスペースもかなりありますので動きとしては自由自在です。上位者が攻めても、間を切って防ぐことが可能となりました。本人は意識していなくても広いスペースのため、楽な攻防になっているのです。それでは相手の気攻めの怖さや、剣道の「四戒」の心を感じることはできません。昔からいわれている「破る」とか「割る」という言葉は理解できないと思います。よって現代では意識的に一歩も下がらない覚悟で稽古をしなければならないのです。

そうすることで当然、気と気の攻め合いとなり、張る・押さえる・捲く・突くなど待ちの気持ちを捨てた、旺盛な気攻めでの攻防、さらには四戒を克服する稽古へとつながっていくと思います。それが高段者に必要不可欠な地力の養成となっていくのです。

打てると確信したところで技を出す

剣道は有効打突の奪い合いです。だれもが見事な一本を求めて稽古をしていると思いますが、実際に相手を打つことは容易ではありません。「木刀による剣道基本技稽古法」は有効打突を一本ずつ紹介するものですが、実際、面をつけてすり足で一本目から行なってみるとなかなかできないものです。とくに社会人剣士は、稽古時間が短い上、互格稽古が中心になっているので体の運びがうまくいかないのです。

稽古時間が短いのは社会人剣士の宿命ですので、同格の者同士で打ち込み稽古を行なうなどして基本稽古をする時間を捻出しましょう。土台をつくることなしに見事な一本は打てません。

「稽古は試合、試合は稽古のようにせよ」という教えがあります。稽古でも試合のような緊張感を忘れずに行なうことが大切です。しかし、稽古と試合では場の雰囲気、状況などすべてが違うので、緊張感を持続して稽古するには工夫が必要です。

私自身、常に真剣な一本を求めることを課題としています。発するすべての技が有効打突の条件に合致するように取り組んでいます。全部できるはずはありませんが、「打てるだろう」「打てるかもしれない」という気持ちで技を出さないようにしています。「打てる」と確信したところで技を出すように心がけると攻めが変わると思います。

工夫の結果を必ず検証する

工夫について述べてきましたが、その工夫が果たして有効なのかどうか、検証することがもっとも重要です。工夫をしていない人はいないと思いますが、単発的に工夫をしただけで、それを検証することなく終わっていないでしょうか。せっかくやるからには身につくまで継続して行なうべきですし、それが間違っていないか常に振り返ることが大切です。

現在は、携帯電話にも動画録画機能がついていますので、簡単に自分の姿を確認することができます。ビデオや信頼できる第三者の意見で確認することが大切です。

美しい姿勢をつくるために、私が実践していることは以下の七項目です。

一、蹲踞を充実させて先を取る
二、下丹田（下腹部）に力を入れ剣先を効かす

三、うなじを垂直にして姿勢を正す
四、息を持続させ、縁を切らない
五、中攻めを意識して意味ある一本を打つ
六、引きつけ足はすばやく移動をスムーズにする
七、右半身も意識し、打突力をつける

これらを意識し、確認するようにしていますが、毎回反省することばかりです。

十二、こうしてポイントを絞る

一般愛好家は限られた時間のなかで稽古を続けなければなりません。よって、とくに明確なポイントを設定し、取り組むことが大切です。そうすることで稽古に積極的に取り組むようになり、それが楽しさにつながっていくことになります。剣道は教わることも大切ですが、自分が意識していなければ教わっても意味がありません。そこで今回は、稽古に対する考え方をふくめ、稽古のポイントの絞り方を紹介したいと思います。

視点を変えて取り組む

強くなるためには何よりも稽古が必要ですが、つらい稽古だけでなく視点を変えてみることによっていい結果につながっていく場合もあります。以前六十歳代の愛好家の方から「腰を鍛えるにはどうしたらいいか」と質問されたことがありました。体力の落ちている年代の方が、若いころと同じような取り組みをすれば当然体が悲鳴を上げます。普通なら何とか鍛えて腰の入った打ちを目指したいところですが、そこは視点を変えて自分のいま持っている腰の力で改善してはどうかとアドバイスいたしました。

我々愛好家は剣道で体を壊しては何もなりません。疲れているとき、仕事で忙しいときなどに、無理に稽古をして肩を痛めたり、アキレス腱を切ってしまったりすることがあります。

視点を変えることによって、ほんとうに必要な稽古方法が見えてくるかもしれません。

長所をできるだけ伸ばす

日曜会という稽古会を実施していますが、会員たちにはよいところを伸ばすようにいっています。基本的に褒められて嫌だという人はいません。得意技を伸ばそうという気持ちになりますし「いつ、どこで、どのように出せばいいのか」という認識を深めるきっかけになります。

だれでも、稽古を積めば積むほど自分の欠点が山ほど出てきます。しかし「あれもダメ、これもダメ」のマイナス思考では稽古が前向きになりません。これでは上達できませんので、欠点があることを当然と考え、前向きな気持ちになることが必要です。

明るい気分のほうが解決策も見つけやすく自分にとってもプラスとなると思います。例にとっていいますと「八段審査は九十九パーセント落ちる」という考え方は前向きではないと思います。一パーセントは合格するのです。六段、七段審査であれば十パーセント強です。確かに厳しい審査ではありますが、その現実を受け入れ、それに応じた稽古に取り組めば可能性は広がっていくはずです。

「なぜ」の気持ちをもつ

高段位になると周囲から高いレベルを要求されます。「何でも知っている、できる」と思われているからです。したがって常に精進しようとする気持ちがなければいけません。

精進し上達しようという思いが強ければ、心に探究心が生まれます。「なぜ」の気持ちが生まれ次のステップへ進むきっかけとなります。

もし打たれたのなら「なぜ打たれたのか」と反省し、打てたのなら「なぜ打てたのか」

と見直しをくり変えします。工夫をくり返すと完成度の高い一本へとつなげることができます。無心の一本は、よくよく考えて修行をすることから始まるものだと考えています。したがって高段者ほど稽古に積極性がみられます。「なぜ」の気持ちを常にもち、ぜひ高段者を目指していただきたいと思います。

求める気持ちがあると稽古が楽しくなり、力が養われます。「もっと強くなりたい」という思いなど求める気持ちがないと、やる気のある稽古にはつながりません。惰性の稽古で終わらず、理想を高くもつことも必要です。「アマチュアだから」という安易な気持ちでは高い目標をもって稽古することができず、得るものが少ないと思います。剣道を好きになり、稽古に一つひとつ意味をもって取り組みましょう。

蹲踞を充実させて先を取る

剣道では、常に相手の先を取ることが肝要とされています。そのため、相手と竹刀を交える前から覚悟を決めなくてはいけません。構えてから「さあ、いくぞ」ではもう遅いのです。そのため、蹲踞の仕方について提唱しています。相手と礼を交わす前から気持ちを整え、ゆっくりと息を吐きながら、腰を落として蹲踞をします。さらに気持ちが落ち着き、相手への気持ちを集中させることができます。猫背になりながらぺたん、とかたちばかりの蹲踞をすれば腹に力もたまりません。

立ち上がった瞬間から「さあ、いくぞ」という気持ちで対峙すれば、相手にとっても威圧感の受け方が違います。とくに試合、審査などのときは有利に進めるために、若手の方にも常日頃から実践するように進めています。

下腹部に力を入れ、剣先を利かせる

対峙した際、いわゆる臍下丹田に力を入れると気持ちがうわずりません。肩などの上半身が力まないのでリラックスできます。気持ちが落ちついていると左拳が浮くことがありません。ぴたっと構えがおさまります。まっすぐに竹刀が相手に向かいますので、体の勢いがそのままぶつかっていきます。その力を実際伝えているのは、剣先です。「いくぞ」という気持ちが「溜め」のような状態になって剣先に力がこもります。相手の動きに対し、うわずることなく対処できますし、相手に攻めを伝えることができます。

剣先を利かせることは容易にはできませんが、日ごろから意識して取り組むと変わってきます。上手の先生方にお願いするときに剣先を利かせることは到底できませんが、同格、もしくは下位の者との稽古で、それを実感できるようになればしめたものです。相手が「怖い」と思ってくれないと、剣先が利いたことになりませんので、まずは下腹部に力を入れ、しっかりと構えることをめざしましょう。

うなじを垂直にして姿勢を正す

腰は上半身と下半身を連動させるための重要な体の一部です。しかし、お年を召した方が打突時に曲がる腰を矯正しようとして、無理に筋力アップを試みることなどはかえってケガのもとになります。そこで、うなじに注目しました。うなじをスッとまっすぐにすると、自然と腰はまっすぐになります。打突時にも腰がはやくついていきますし、また左足の引きつけも同時にはやくなります。下腹部から前に出るイメージになります。極力チェックしてもらうようにしています。

試合剣道の影響からか、相手の打突に対し首を振ってよける人がいます。そうすると大きく体が崩れます。反対にうなじさえまっすぐにしていれば、目線・剣先がまっすぐになり、左手のおさまりもよくなります。自然、理合を重視するようになります。ほんのちょっとのことですが、効果は絶大です。どちらにしても、難しいことより取りかかりやすいことから入っていくとよいと思います。

十三、続・こうしてポイントを絞る

前章でも書きましたが、一般愛好家は限られた時間の中で稽古を続けなければなりません。したがって特に明快なポイントを設定し、取組むことが大切です。先月号に続きポイントの絞り方の一例を紹介したいと思います。

息を持続、縁を切らない

剣道の基本稽古の中で特に大切なのが切り返しです。正面打ちと、連続左右面打ちを組み合わせた基本的動作の総合的稽古法ですが、剣道の「構え（姿勢）」「打ち（刃筋、手の内の作用）」「足さばき」「間合の取り方」「呼吸法」の習得、「強靭な体力」や「旺盛な気力」などを養い、「気剣体一致の打突」を身につけるために段級関係なく万人が欠かしてはならない稽古法であることはだれしもが理解していることです。

通常前四本、後ろに五本を切り返し、最後に面を打ちます。なるべく一息ですべてを打ち切ることがポイントです。一本一本区切った呼吸は気持ちの継続にはならず縁が切れてしまいます。

吸う瞬間は、居つきにつながります。吸った分だけ隙になるので、呼吸の仕方を考えることが大事です。

むろん無理は禁物ですので自分でできる範囲のなかで心がけるようにしています。大事なのは、気持ちが切れないことです。すべて打ち切る前に思わず吸ってしまっても、気持ちだけは前に向くようにしています。一本振るごとに呼吸をするのは楽ですが、何とか吸わずにやろうとする行動こそが、修行になるのでしょう。

中攻めを意識する

いうまでもなく、剣道では打突までの過程が非常に大事です。気持ちが入った攻め、打突でないと相手が認めるような一本にはなりません。

同じかたちで打突しても、気持ちが入っていれば中身はガラッと変わってきます。中身のある攻めを「中攻め」と呼んでいます。この中攻めを常に意識して稽古をします。

　相手とやり取りをする中で合気となり、なおかつ攻め勝った一本には、打突までの内容が凝縮しています。ぎりぎりの間合となっても動じず、攻めの姿勢を崩さないようにします。大切な教えに「三殺法」があります。

「剣を殺す」とは、相手の竹刀に「触れる」「押さえる」「払う」「はじく」「張る」「捲く」などで剣先の働きにより相手の竹刀の働きを制することです。

「技を殺す」とは、積極的に先を取って技を仕掛け、相手の技を出させないよう機先を制して技を封じることです。

「気を殺す」とは、強い気迫や闘志をもって、相手を気力で圧倒し相手の攻撃力をくじくことです。

　この三事項を意識し偶然の一本ではなく意図的に攻めた打突を出すことを心がけています。その技が評価に値する一本、感動の一本につながっていくと思っています。

　もちろん、段位に応じた中攻めがあります。だれでも、どんな時も攻めることを心がけ、捨て身の一本をめざしたいものです。

左足の引きつけを素早くする

左足は、体を支える要です。左足に体重がしっかりと乗っていれば打突動作がスムーズになるのは周知の通りです。よって常に安定した重心を保つように心がけます。足幅の広さ（なるべく狭いほうがよい）、ひかがみの伸び具合、かかとの高さに注意します。打突の時、左足で踏み切りますが、右足を踏み込んだのち、素早く左足を引きつけます。左足の引きつけを早くすることで技に鋭さが増しますので、右足で踏み込んだ瞬間、左足を引きつけておくくらいの気持ちで左足を引きつけます。

よって、構えた時点で撞木足であったり、内股であったりすると合理的な動きはできませんので、普段から気をつけるようにします。剣道は対敵動作で動きが止まっていることはありません。相手とのやりとりのなかで自由自在に足を遣えるようにしておくことが大切です。

右半身も使って打突力をつける

剣道は左半身が重要ですが、それに加えて、右半身を工夫すると、より上達できると考えています。加齢するにしたがい脚力が落ちるのは自然の摂理です。無理な筋力トレーニングで衰えをカバーするのではなく、円滑な足さばきを求めることによって剣道の力は維持できます。それには、左足だけではなく右足の使い方も重要になってきます。

意識としては、右足を大きく前に出し、踏み込むように心がけます。そうすると、スムーズに左足がついてきます。前に出す意識をおこたると、右膝を上げすぎて、右足を前に出す途中で動きが止まってしまうので注意が必要です。

円滑な動きに関しては、手の内の使い方にも同じことがいえます。打突力をつけるには、腕の力だけで振るのではなく、冴えが必要になります。軸となっている左手だけではなく、右手の冴えも必要になってきます。右手の手の内も利かせると、やわらかい剣遣いができます。

竹刀は、小指、薬指、中指の三本で握りますが、打突時の一瞬だけは親指、人差し指にも力が入ります。二本の指の間が竹刀の真上にくると、ちょうどよいようです。

左半身だけではなく、右半身も上手に使えば、筋力に頼らず、スムーズな動きをすることが可能です。打突に鋭さが加わります。私自身も研究し、体に負担がかからない、理合にかなった一本を求めています。

稽古の工夫はだれもが行なっていますが、その内容とやり方が大切です。時間的に制約がある一般愛好家は、ポイントをつかんだ工夫ある稽古を実施すべきです。仕事もしっかりとポイントをつかまないと効果ある仕事に結びつけることができないのと同じです。

十四、聞き取り稽古のすすめ

稽古の中に見取り稽古という方法があります。子供のころから稽古の教えとして先生によく言われたものです。他人の稽古を見ることにより、その人のよい点を学び、自分の剣道を反省し改善するのに役立つ稽古法です。意外と意識が薄く実践されない稽古法ですが、実は大変大きい効果を持つ稽古法だと考えています。感動を意識して、いい試合あるいは上位者の稽古を見て、自分の稽古に取り入れることは必ずいい結果につながります。

限られた時間で稽古を実践している実業人にとっては特に大切だと考えています。しかし、この稽古法は技術的な部分が大きいので、更にもう一歩進め、道具を着けずに行なう大切な稽古法があります。それが「聞き取り稽古」です。「稽古」とは古《いにしえ》を稽《かんが》えると言います。古のことを聞く、読む、このことで先達の教えや考えや現代につながる精神修行を知ることができます。特に実業人である我々は、商談や社内会議あるいは人との会話の中で、趣旨やポイントを聞き取ることは重要でそこから次の行動へ移るものだと思っています。

剣道談義が少なくなった剣道界

私たちが若い頃は先生方に話をお聞きできる機会がいまより数多くありました。車がそれほど普及していませんでしたので、大先生であればご自宅までお迎えにいき、車に乗っていただき、稽古場所や講習会、大会などに行きました。その送迎は、先生からお話をうかがう絶好の機会です。車中はお話することしかありませんので、とても勉強になりました。

また、稽古が終わると汗を流します。これは今も昔も変わりませんが、昔は大風呂がふつうでした。先生や先輩の背中を流しながらその日の技術的反省や精神面の指導を受けることができました。背中を流さなくても脱衣所が一緒ですので、そこで稽古の感想などを聞くことができました。

第二道場もまた大事な修行の場です。稽古が終わればかなりの頻度でお酒を飲む機会がありました。当時は当たり前に考えていましたが、剣道の歴史、修行に取り組む姿勢などを学んだのは第二道場であり、風呂場や車中だったような気がします。

ある高名な先生は「稽古が五、第二道場が五、あわせて十。稽古だけをして帰れば五しか学べませんが、このような席で先生方が話されるいろいろな会話から学べることはたくさんあります」とおっしゃっていました。まったくその通りです。

現在は、稽古に行くのは自家用車、公共の施設はシャワー、車だから第二道場には出席できないというのが実情です。これは世の中の流れから仕方のないことですので、我々は意識的に先生方から話をうかがう機会をつくらないといけないと思います。

日曜会合宿は剣道談義も大事な稽古

私が住んでいる愛知県小牧市は、愛知県ですから車社会です。どこに行くにも車で移動し、電車に乗るのは東京に行くときなど、遠方に出かけていくときだけです。ですから週一回の稽古日も車で出かけますし、公共の武道館ですから、稽古が終わればすみやかに退出しなければなりません。普段、ゆっくり剣道談義をする時間もありません。稽古のために集まり、終われば解散です。

それでは味気ないので、日曜会では冬と夏の年二回、合宿を行なっています。土曜日に集まり、講習会をし、宿泊施設で懇親会をして、日曜日の朝、解散します。そのようなスケジュールを組めば車できてもゆっくりお酒も飲めますし、リラックスして話もできます。

宴会は自由参加ですが、それが楽しみで参加している人がほとんどです。第二道場、第三道場、ときには第四道場まで楽しんでいます。お酒を飲むことも楽しいですが、剣道談義はもっと楽しいです。おかげさまで私は愛知県剣道連盟から全日本都道府県対抗の愛知県監督も委嘱されていましたので、そのときの話や、実業団大会で東京に行ったときの話など、会員たちが普段、知ることのできないことをなるべく話すようにしています。

第二道場は学びの宝庫です。飲みすぎはいけませんが、宴席にはなるべく出席したほうがよいと思います。第二道場では「先人の教えが聞ける」「剣道の逸話が聞ける」「剣道の歴史が聞ける」「剣道の効用が聞ける」など道場では学べないことがたくさんあります。知ったつもりでいたことも、実は知らなかった、勘違いをしていたことはよくあります。

まずは先生方、仲間の話にじっと耳を傾けてみましょう。最初は先生方の口にするお名前が知らない人たちばかりでも、聞いているうちに理解できるようになるはずです。よき剣道愛好者になるために幅広い知識と考え方や情報量を多く持つことで、剣道に取り組む姿勢が変わってくると思います。社会においても聞き上手の人が、いい仕事ができるのと同じです。

情報量が増えれば聞き上手になれる

先生方の話にまずは耳を傾けることが大切です。その情報量の蓄積が増えれば増えるほど聞き上手になっていくと思います。聞くという行為は、相手のことを大切にしているという想いを伝える行為です。だれでも話を聞いてくれる人に対して嫌な思いはしませんし、あまり聞いてもらえなければ残念な気持ちになるのは周知の通りです。

聞き方のコツは「お相手と目を合わせる」「話をさえぎらない」など、当たり前といえば当たり前のことですが、意外とできていないかもしれません。目を合わせるとは、アイコンタクトです。身体全体で相手の言葉を聞くことを心がけます。上から見下ろされると威圧してしまいますので、お相手が正座をしていれば座ってお聞きするのが礼儀です。話をさえぎらないことも常識といえば常識ですが、意外と語尾を言い終えるまで、ゆっくり聞けないのが人間の性です。

記録をすることが記憶になる

よい話が聞けたならばなるべく記録しておくことにしましょう。その場では感動しながら聞いていたはずなのに、残念ながら人間の記憶力には限界があります。とくにお酒が入っているとすぐに忘れてしまうものです。記録をする習慣を身につけることが大切です。我々実業人は会議や商談あるいは上司の話など必ずメモをしたり、パソコンに打ち込んだりしています。

私も後悔する経験があります。

毎年七月、以前勤務しておりました名古屋鉄道では、明治村剣道大会の審判・選手などおいでいただき研修会を実施しておりました。そこで九段の先生方から講話をお願いし、拝聴しておりました。大変貴重な他では聞けないお話をいただきました。ところが私はその記録をしていませんでした。頭の中では薄れていくばかりです。本当にもったいない話です。範士の先生方だけでも堀口清・玉利嘉章・重岡昇・一川格治・大森玄白・西川源内・鷹尾敏文・石原忠美・西善延・山本孝行・長崎稔・笹原登・楢崎正彦・詫摩貞文・小沼宏至・中西康・西野悟郎・村山慶佑・井上義彦・井上茂明各先生など素晴らしい先生ばかりです。

そのような苦い経験がありますので、いまは少しずつメモを取り、必要だと思ったことはなるべく後進に伝えるようにしています。我々一人一人が剣道界の語り部です。そのことを自覚し、稽古を楽しみましょう。

十五、愛好家こそ大会に挑戦を

大会参加は剣道修行上、たいへん重要なことだと考えます。とかく実業人は加齢とともに試合に対して消極的になりがちです。しかし、大会に出ることはきびしい勝負の場を通じ、自己の技量と精神の習熟度合いを知るのによい機会だと思いますので、生涯剣道のなかで試合出場の場を求めることは非常に重要なことではないでしょうか。もちろん参加する以上は、目標として覇者をめざすのは当然のことです。したがって頂点へのぼるためには日頃の稽古を自ら積極的で充実したものにつなげていく必要があると思います。

まずは積極的にチャレンジすること

実業人はややもすると自分たちの所属する実業団大会、あるいは一般の大会、地域の大会などには参加しても、全国レベルの予選会などには大半が参加していないように感じられますが（一部を除きますが）、ぜひできる限り大きな大会などに参加していただきたいと思います。

なぜならば、参加することでよりすぐれた選手の内容ある剣道をみる機会が増えると同時に自分自身のレベルの確認と反省ができ、次の稽古に生かされていくし、目標がより上のものになっていくと考えられるからです。

できれば大きな大会でぜひ勝利をつかんでいただきたいと思います。結果として大きな喜びを得、さらに剣道が好きになり、またまわりの地道に修行している人たちへの励みともなり底辺の拡大に大きくつながっていくものと思います。

どんな大会でも勝つことが最大の喜びであることは間違いありません。勝つことは次につながる重要な要素であり、剣道へのモチベーションを上げるものです。よって勝つことは大切なのです。しかし、試合が、最高のものでないことは知っておきたいものです。勝つことへの執着心が強すぎて、当てることばかり専念する剣道では本質を逸脱していると思います。日頃習っていることはなんでしょうか。基本を中心にした剣道だと思います。

一般社会人は稽古時間が少ないので、とかく要領よく目先の当て方だけに走りがちですが、かえって一本につながっていません。充実した気勢、適正な姿勢で刃筋正しく打突部による打突部位をとらえ残心あるものになっているかを認識しているかであります。これは端的にいうと基本稽古（基本技）そのものであります。このような「気・剣・体一致の技」で勝てているかが重要です。そしてこのことは上級をめざす審査にも大きくつながるものと考えています。このことはとても大切であり、それが周囲へ感動を与える姿になれば最高です。舞台役者が魅了した演技をしたときは、自然とおひねりが飛んでくるものです。ぜひ観客から心のおひねりをもらいたいものです。それは「気・剣・体」の中の「気＝精神＝心」が大きな要素となると思います。

日頃稽古量の不足がちな実業人が試合に臨むにはそれなりの段取りは不可欠です。意外と次の事柄は重要なことですがついつい忘れがちになっていると思います。

わたしが心がけた調整法

ここで日頃、試合に臨むにあたり実践してきたことを紹介したいと思います。

一、最良のコンディションの調整（精神的・肉体的調整）（計画に基づく稽古内容）（試合直前の体温調整と準備運動・稽古）

二、摂生（暴飲・暴食のつつしみ）（適切な睡眠時間）（時間の余裕、せいては仕損ずる）
三、用具の確認（稽古着・袴・剣道防具等の不良確認）
四、竹刀の確認（不備・破損等の確認・試合審判法に準じた竹刀の確認）
五、基本の実施（適正な服装・正しい礼式による行動など）
六、全日本剣道連盟の剣道試合・審判規則の熟知
七、公明正大な試合を望む心境
八、自分の得意技を習熟し機会を捕らえた技
九、相手の弱点（隙・機会）を捕らえた技
十、自分の個性（身長・体重・性格など）による技
十一、細心かつ大胆な技
十二、勝って褒められ、負けて惜しまれる試合内容

以上です。日頃だれでもが当たり前のことだと考えていることばかりです。しかし当たり前のことは意外とおろそかになりがちです。再確認したいものです。

「勝ちに不思議な勝ち有り、負けに不思議な負けなし」が先達の先生の言葉です。

日曜会実践、一分三十秒一本勝負

試合の心境はだれしも必死の心境だろうと思います。逆にその心境で臨まないと試合に出る意味合いとしては薄いもので終わってしまうのではないでしょうか。したがって、技を出す場合は必殺というくらいの意味合いをもって出す心境が大切ではないでしょうか。「初太刀一本千本の価値」といわれていますが、相当修行を積まないとなかなかできるものではありません。しかし、実業団の限られた時間での稽古法はこの心境が重要であり、また実際の大会でも実行したいものであります。

わたしの主宰する日曜会では、この意味合いもふくめ初太刀一本の重要性を認識させるために短い時間の一本勝負を稽古の時間内に組み入れています。一分三十秒一本勝負です。短い時間だから無駄打ちは許されない。数少ない打ちのなかで有効打突を出す。その心境をつくり出す稽古法だと考えます。とくに昇段審査ではこの時間内に己のすべてを出しきることが大切で必要です。一分三十秒の一本勝負は有効ではないかと考えています。

今、アメリカで大活躍中のゴルフの宮里藍女子プロの話で、アナウンサーが「なぜ今年は調子がいいのですか」という質問をしたときの答えが「今までと違ってその一打の瞬間にその一打に集中できている」と答えていました。まさに一打必殺の心境でしょう。

五十五歳を過ぎて国体大将をつとめる

人に積極的に試合に参加せよと申しあげている以上、もちろんわたし自身もできるだけ若いうちから大きい大会予選などは参加いたしましたし当然、勝利をめざしたものです。全日本選手権大会県予選会では一回戦から決勝まで力のある選手の方々ばかりでしたが、昭和五十三年の第二十六回大会に出場することができました。このことはまわりの実業団剣士、一般剣士への勇気づけになったと思っています。もちろんこのような経験が私のその後の修行へとつながったとも思います。試合の結果はまわりへ大きな影響力をもっていると思います。

愛知県警の近本巧、安藤戒牛両氏が全日本剣道選手権覇者となった年は少年剣士たちは憧れと夢をもち、愛知県のその年の各大会（少年・一般を問わず）はたいへん活気と盛り上がりをみせました。県内剣道界の発展に大きな影響があったと思います。

国体や全日本都道府県対抗剣道優勝大会などの年齢別や職業別ポジションのチーム編成大会は実にすばらしい大会だと思います。とくに大将の指導的立場の方が試合に出場し自ら後輩への修行の指針を示されることは、なにものにも代えがたい教えではないでしょうか。

わたしも五十五歳を過ぎて秋田、大分国体の大将を務めさせていただきましたが、現在の日曜会へ指導をする時の「試合感」を実戦を通して話ができますのでありがたく思っております。できるだけ多くの実業人が若いときの試合のみに終わらずOBとして指導的立場で試合に積極的に参加し、剣道をビジネスに大いに生かしていただきたいと思います。「決断」「細心且つ大胆」「攻め」「引き」「空気」「緊張」などの「試合感・立合感」は日常のどの業務へも大いに役立つと考えています。

十六、講習会に参加しよう

稽古はどうしてもマンネリ化してしまうものです。日常の稽古を大切にするためにも、日頃の稽古場所だけでなく、違った内容で指導を受ける機会を持つことが必要であると思います。その一つに講習会への積極参加があります。講習会への参加は、今以上に個々の剣道のレベルやスキルアップにつながっていくものですし、私自身、そのように心がけてきました。

ただ、若い頃はとかく講習会や研修と言うと敬遠しがちです。振り返ると私自身もそうでした。しかし、今、生涯剣道をめざした剣道に取り組んでいますが、若い頃から、もっと剣道の本質につながる知識や内容を勉強しておけばよかったと、後悔の念にかられることがあります。

剣道の伝承の三本柱は「指導法」「審判法」「日本剣道形」です。これらの講習会が全日本剣道連盟後援により毎年各都道府県剣道連盟で開催されています。また、県や地区、団体によってレベルの向上を図るべく実施している講習会も多く見受けられます。しかし、我々のような実業団剣士は多忙を理由にあまり参加をしてないのが実情に近いと思います。若い頃の経験をもとに審判を行なったり、指導者としての要件などを理解せずに指導していたり、日本剣道形を勉強するのは審査直前というのが、現状ではないでしょうか。

　しかし、講習会に参加すれば、これら三つの事柄を身につけることができると同時に、通常の稽古等では知り得ないその他の注意点や留意点を幅広く知ることができます。

こうして指導法を身につける

　平成十九年に全日本剣道連盟は「剣道指導の心構え」を制定しました。社会人になるまで剣道を続けている人たちはなんらかの機会で「先生」と呼ばれるようになっているはずです。しかし、指導者としてなにを心がけ、どうするべきかを身につけるには講習会に参加して身につけるしかありません。指導者の必要条件としては次のような項目が挙げることができます。

一、指導者である前に立派な社会人であること（率先垂範を心がける）

二、剣道技術に精通していること（向上心を常に忘れない）
三、信念と愛情を持つこと（公平な指導と一貫性の指導になっているか）
四、師弟同行の指導をすること（弟子もまた師の師なりの心がけを持つ）
五、人生一貫の教育をすること（生涯通用する、考えや技量の指導を心掛ける）
六、基本に重点を置いた指導をすること（自分自身で基本稽古に取り組んでいるか）
七、能率的な指導法の研究をすること（常に工夫を持った指導を心掛ける）
八、審判に熟達していること（剣道試合・審判規則を理解しているか）
九、意欲を持たせること（目標や、向上心を持たせた指導になっているか）
十、危険防止に努めること（救急法の熟知、場所や防具の点検等を行なっているか）

これらは、私が指導を受けた恩師の教えですが、技術の指導のみ行なうだけでなく、まずは自らが修行を実践し、内容ある指導を心がける必要があると思います。

こうして審判法を身につける

「審判がよくなれば試合がよくなり、試合がよくなれば剣道全体がよくなる」

全日本剣道連盟では平成十一年より審判能力の向上を図るため、その指導にあたる上級講師要員を養成する研修会を開催し、現在でも続いています。剣道の正しい普及をするために、まず指導をする立場の人材の質的向上を目的に開催されたものですが、まったくその通りだと思います。

試合では有効打突の判定は大変重要なことですが、それだけに気持ちが偏ってはいけません。剣道試合・審判規則の第一条に「この規則は全日本剣道連盟の剣道試合につき、剣の理法を全うしつつ、公明正大に試合をし、適正公平に審判することを目的とする」とあります。これが審判を行なう上でまず忘れてはいけないことです。講習会では必ずその説明を受けますので、そのことを再認識することができます。

「審判によって試合がすべて変わる」といっても過言ではありません。しかし、その重大性を認識して審判をしている人はどのくらいいるでしょうか。講習会では左記の点を重点事項として必ず習得するように説いています。

一、試合内容を正しく判定する
二、有効打突を正しく見極める能力を養う
三、禁止行為の厳正な判断と処置をする

有効打突の判定にあたっては、有効打突の条件や要件を十分満たした一本と、そのほかにも見落としやすい場合や、間違いを犯しやすい場合の判定があります。次の項目などは講習会でよく説明や実際の場面に対応する注意点です。

●見落としやすい打突

一、試合開始宣告直後・終了の合図と同時の打突
二、試合者が、場外に出ると同時の打突
三、一瞬の差、相打ち等の打突
四、出ばな小手の直後の面（小手の見落とし）
五、すり上げ・返し技など理にかなった玄妙な技
六、自分ができない技や予想外の技

●判定しがちな打突

一、タイミングによる判定（機会だけで判定をしてしまう）
二、得てして自分の得意技（日頃よく打つ、自分の好みの技）
三、先入観による技（実績や経験等を意識した気持ちでの判定）

自己流の審判ではなかなか判断がつきにくく、また気がつかないことを講習会の実技を

通して学ぶことができます。我々愛好家といえども審判をする機会は必ずあります。そのとき、試合者を泣かさないためにも普段から積極的に講習会に参加しましょう。

こうして日本剣道形を身につける

日本剣道形は「刀法の原理」「攻防の理合」「先々の先・後の先」、「作法の規範」「緩急強弱の心得」「呼吸法」「品位・風格・識見卓越」「目付」「足さばき」などの習得をめざすものです。

剣道形については普段から稽古に取り組むことが必要です。一人稽古でも充分稽古をすることができますので、稽古が始まる前の時間を利用するなどして行ないたいものです。審査の前に稽古するだけではもったいないような気がします。ただ現実問題として稽古をする時間がとりにくいのも事実です。講習会では専門家の先生のもと基本からしっかりと学ぶことができますので、一年に数回は参加をし、そこで学んだことを道場に持ち帰ってくり返し稽古をすることが大切です。

十七、審判を積極的にしましょう

会社、組織において円滑な運営とは、しっかりしたルールとそれを遵守しその中で効率を上げていくことであると考えていますが、剣道も同じです。ルールのなかで精神と技術を磨き、人間性を高めていくのです。

社会人剣士の大会参加は剣道修行上、たいへん重要なことだと書きました。それと同じくらい審判を務めることも大事です。全日本剣道連盟の「剣道試合・審判規則第一条」に「剣道の試合は剣の理法を全うしつつ、公明正大に試合をし、適正公平に審判をすることを目的とする」とし、試合者の心構え、審判員の心構えを記しています。

社会人剣士は試合に参加する機会はあっても、なかなか審判をする機会が少ないのが現状です。しかし、試合をすること、審判をすることは両輪のごとくです。ルールをよく知った上で、稽古をすれば内容も濃くなるはずです。

審判をするのは剣道人の使命

先般、母校明治大学の稽古へ久しぶりに参加をいたしました。大会前で試合稽古を行なっていましたが、審判を上級生が担当していました。判定・所作など目につくことばかりでした。私自身も学生時代、本格的にルールと判定、動作など細かく適格にできたかどうかわかりません。むしろ、しっかりできた記憶があまりないので、同じような状況だったと思います。体育学部等、専門大学以外のクラブでは状況は似たり寄ったりでしょう。

しかし、剣道を続けている以上、卒業と同時に審判の機会（学生大会・地域大会など）との遭遇は必ずあります。学生時代にもっと本格的に試合・審判法を勉強し、身につけておけばよかったと反省している愛好家は多いのではないでしょうか。

とくに社会人剣士は学校卒業と同時に仕事と剣道の両立が求められます。どうしても試合には出るものの、審判法の講習会に出る機会が少なくなりがちです。さらには「自分は専門家ではない」という考え方がマイナス思考にさせ、本来身につけなければならない審判技術の修得もおろそかになりがちになります。しかし、人に評価される審判ができることは、自身の剣道成長につながります。なぜならば審判を行なうには次の事柄を身につけておかなければならないからです。

一、公平無私である
二、試合審判規則を熟知し正しく運用できる
三、剣理に精通している（理合・理論を熟知）
四、審判技術に熟達している
五、健康体である（耳で聞き、目で見る）

以上のことを身につけることで正しい判断力を養い、剣道人として品位、風格あるいは幅のある人間となり、地域社会などでも大きく貢献できるのではないでしょうか。

審判をすると一本がわかる

若手剣士は時間・勤務等により審判講習会などに参加する機会が少なくなりがちです。したがって有効打突を稽古や試合経験、体験の中から認識していますが、ルールである全日本剣道連盟「剣道試合・審判規則」の有効打突を知らない人が多いのではないでしょう

か。

　有効打突の条件を熟知していないと一本の判定ができません。有効打突には「充実した気勢・適正な姿勢・竹刀の打突部・打突部位・刃筋正しく・残心」などの条件、「間合・機会・体さばき・手の内の作用・打突の冴え」などの要素から成立しています。とくに条件は試合規則第十二条に明記されており、絶対です。しかし、一般愛好家に「有効打突とはなにか」と質問すると大半答えがかえってこないのが現状です。極端ないい方をすると有効打突を不理解なまま試合をしているということです。

　判定に対し「なぜ一本ではないのか」と疑問や不満をもつ場合がありますが、独善的な感想を述べている場合が少なくありません。もちろん許されない、まれに起こる審判の誤審もありますが……。

　審判経験が浅い剣士が審判をつとめると三人が揃わない判定が多々あります。実際に審判をやってみると「打突部位」には当たったが、なにか今ひとつ一本として認められない、判断に戸惑ってしまう場面があると思います。このなにかが五つの条件不足なのです。また「打突部位」や「機会」だけで判断してしまうと、有効打突の条件が不足した不十分な技でもついつい判定してしまう場面が多くみられます。一本は「充実した気勢」「適正な姿勢」「残心あるもの」などすべての条件が揃っていないといけません。自分で審判をしてみると責任を持って判定しなければならないので「一本」がよく理解できると思います。このイメージを頭に入れ、一本を求めて稽古をすると内容が大きく変わってくるのではないでしょうか。

中部地区実業団剣道連盟の試み

中部地区実業団剣道大会の審判はできるだけ実業団の先輩、高段者の先生方にお願いいたしており、基本的には全剣連地方講習会、愛知県剣道連盟の審判講習会などに参加・出席を願っていますが、勤務時間等、あるいは段位、年齢などで参加できない方々がいますので、今年度からプラスして中部地区実業団剣道連盟として審判講習会を行ないました。中部地区実業団剣道連盟会長の渡並直先生をはじめ地元愛知の八段の先生方に講師をお願いし、約四十名の参加を得て実施しました。審判の重要性の認識と審判技術のレベルアップにより、大会のさらなる充実につなげたいと考えています。同時に合同稽古も実施しましたので「交剣知愛の場」と「情報交換の場」として参加者には再度開催の希望など好評であり、来年度からは定期的に行事予定に組み込み行なっていくことにしております。

下手ではすまされない。恐れず取組もう

若い剣士の方々でも剣道を続けている以上、必ず審判をやらなければならない場面に遭遇いたします。常日頃、部内の試合稽古や道場での試合稽古など身近なところから講習会を実施してはどうでしょう。将来のためにも機会あるごとに責任もった審判の教育をしていくべきだと思います。

私が主宰する日曜会の稽古会ではそういう意味もあって年に二回（冬・夏）講習、懇親会を開催いたしております。とくに講習会の中には審判法を取り入れ、全員に審判実技の研修でレベルアップを図っております。当初は一般の剣士の集まりですのでほんとうに未熟でしたが回数とともに身についてきていると思っていますし、とくに若い剣士の方々のスキルアップにつながっていると思っています。

一、一本の判定で個人の勝敗、さらにチームの勝敗が左右される。
二、とくに子どもの大会は一本が将来の剣道継続を左右する（将来に及ぼす影響の認識）。

三、海外赴任における海外指導立場での正しい試合・審判法の認識による指導（正しい普及）

以上の事柄を含め審判の一本の判定には多くの責任があるということをしっかりと認識すべきです。

剣道修行に上限がないように審判技術にも上限はないと思います。社会人剣士のみなさんがだれもが認める一本の技が打てるような日頃の稽古に努めると同時に積極的に審判に取り組んでいきましょう。審判をすることが自分の剣道技術に直結していることが理解できるはずです。

十八、合宿で剣道を見つめなおす

合宿で得るものはたくさんある

実業団剣士は多忙の中で自らが時間を見つけ出し、稽古に取り組んでいくことが重要である事を毎回述べてきました。もちろん恵まれた環境の会社もありますが大半が厳しい環境の中での稽古状況だと思います。個々の業務多忙もありますが、それぞれの業務内容・時間や勤務場所が異なる状況でなかなか全員そろって稽古に取り組むことは非常に困難だと考えられるからです。

そこでおすすめしたいのが合宿稽古です。合宿に積極的に取り組んでみてはどうでしょう。合宿稽古は当然、強化合宿や遠征合宿など技術向上の合宿として考えられますが、少し観点を変えた趣旨での合宿もあるので両方を目的によって使い分けて実施すると良いと思います。

合宿先から職場に向かった強化合宿

私が所属した会社での経験を少しお話しさせていただきたいと思います。卒業後名古屋鉄道へ入社しましたが、そこでの剣道部の活動は、他に類をみないくらい立派な道場と戦歴をもたれた剣兄方々がおられるのに、定期的な稽古日の集まりが悪く、常に少数での稽古でした。その理由は当然でした。鉄道というと駅務、運転手、車掌、本社業務など勤務状態が多種多様で、時間的に一堂に会しての稽古に取り組みにくい状況があったからです。そこで考えたのが試合前の数回に分けた合宿稽古の実施でした。三日あるいは四日ぐらいのサイクルで試合に合わせた一月前ぐらいから数回実施しました。

名鉄体育館へ泊り込み、朝稽古を行ない体育館から出勤し、体育館に戻り、夜稽古を実施したことでそれなりの結果が出せたと思います。さらにスーパー業である名鉄パレに出向後は環境がさらに厳しくなりました。全ての部員が東海四県に点在し勤務している状況です。しかし、前述のように名鉄体育館を使用し、試合前の強化合宿を実施しました。日ごろの稽古不足を少しでも補って試合に出場することを実践してまいりました。その結果、強化のみでなくいろんな効果があったと思います。

・チームとしての連帯感が芽生える。
・実業人としての躾教育の場にもなる。
・それぞれの店舗の状況や情報が共有できる。
・会社の先輩としての話が聞ける。
・日頃できない剣道談義ができる。
・会社の剣道部の歴史等の把握ができる。

以上のように技術論をふくみながら実業人としても大きなプラスとなる合宿でした。もちろん稽古不足を補い、試合で頂点を目指すための合宿でしたので、どの様な環境でも工夫しながら稽古に取り組む姿勢を学ぶことができました。

目的や趣旨により合宿の実施方法は変わってくると思います。連続宿泊合宿のみでなく、一泊の合宿でも意義ある合宿になると考えています。連泊であれ一泊であれ、問題は内容を明確にしたものにすることが大切です。

名古屋鉄道を退職いたしましたが、この期間の経験は現在の剣道への取り組む姿勢に大いに影響を受けた時期です。

日曜会は年二回合宿稽古を実施

私の主宰する小牧日曜会では年二回必ず一泊ではありますが合宿を実施しています。日曜会は多種多様の業種の剣士の方々の集まりですが、稽古はするもののなかなかゆっくりと話ができない状況でした。できればゆっくりと剣道談義をふくめ剣道に取り組む時間を作りたいと考え、半年に一回実施するようになりました。

指導は私と平井道典教士八段が中心に、次のようなことをマスターしていただきたいと考え行なっています。

- 剣道の意義や剣道に関する知識などの重要性についての講義。
- 全日本剣道連盟試合・審判規則及び細則の講義。
- 審判法の実技講習（全員実技の実施）
- 日本剣道形の講習
- 木刀による剣道基本技の講習

・基本稽古（防具を着けた木刀による剣道基本技を含む）
・互格稽古
・試合稽古
・打ち込み・掛かり稽古
・懇親会（聞き取り稽古）

以上の項目をその都度、内容を変えて取り組んでいます。これだけのことをやろうとすると、時間が足りないのが残念です。特筆したいのが、夜のお互いの聞き取り稽古です。異業種の話や日頃から疑問に感じている事柄やまたご父兄の参加によるご意見、感想など非常に貴重な話が聞けます。

以上のことは一例です。環境が厳しいからといって、あきらめることなく、方法はいろいろあることを認識し、工夫して取り組んでいくことが重要です。剣道が楽しくなる環境を自ら作り出すことは、大いに大切ではないでしょうか。

合宿で自分の剣道を見つめなおす

合宿を成功させる秘訣は目的を明確にすることです。親睦なのか、実力向上なのか、合宿先の地元剣士との交流なのか……。どのような内容にしたいのかを話し合って決めるのがよいと思います。一般社会人の合宿は、自分の剣道を見つめなおす好機だと思います。一泊二日でも普段の何倍もの時間、剣道に接することができます。

普段、限られた時間で稽古をしているので、どうしても基本稽古に時間をあまり割けていないと思います。合宿は基本稽古を充分に行ない、自分の稽古を見つめなおす絶好のチャンスです。試合や昇段審査を目標にしているならば、とくに心がけて数をかけるべきだと思います。よりしっかりした土台を作らなければ、より高い建物は建ちません。無理をしてケガをしては合宿が台なしになってしまいますが、身体と相談して、打ち込み稽古を数多く行なうことをすすめたいと思います。

この打ち込み稽古で注意したいのは惰性で行なわないことです。常にいまの打突は有効打突の条件に適っていたのかを確認しながら行なうことが大切です。剣道は互いに対峙し、攻め合いの中で有効打突を求め合うものです。有効打突は「充実した気勢、適正な姿勢をもって、竹刀の打突部で打突部位を刃筋正しく打突し、残心あるもの」です。

竹刀の握り方、目付、足の送り、竹刀の振り方など確認すべきことはたくさんありますが、仲間と指摘し合うのも一つの方法です。自分ではまったく気がつかなかったことを指摘してくれるかもしれません。謙虚な気持ちで耳を傾けましょう。

また自分が基本を行なっている姿をビデオに撮ることも有益です。試合や審査のビデオは撮りますが、基本を行なっている姿を撮ることはあまりないと思います。基本打ちには自分の癖がよく出るので、それを確認し、普段の稽古で矯正していくことをすすめます。竹刀の振り方、発声、足の送りなど、自分のイメージと実際に行なっている姿が違っていることはよくあることです。

いずれにせよ合宿は剣道と向き合う時間を充分に取ることができます。忙しい合間をぬってつくった貴重な時間ですから、実りある合宿になるように充分計画を練って行なうことが大切です。

十九、私の剣道八段挑戦記

明治村剣道大会で剣道八段をめざす

私の剣道は「気・剣・体一致」の技で出来るだけ早く打ち、相手より一本を勝ち取ることだけを念頭に置き稽古に、試合に取り組んでいたのが高校・大学、そして社会人の若き日でした。もちろん間違いではなかったと思っています、しかし剣道はそれだけではないことを感じた出来事に遭遇し、そこから大きな目標として剣道八段取得を掲げることにしました。

昭和四十九年四月、博物館明治村に移築された旧第四高等学校武術道場「無声堂」に竹刀の音が鳴り響きました。私が入社二年目の出来事でした。明治村の創設者で名古屋鉄道会長・土川元夫範士（第四高等学校出身）の追悼剣道大会が催されました。東海四県から選抜された六・七・八段の先生方と、前年行なわれた各種大会の優勝戦の再現（全日本選手権・全国教職員個人戦高大教委の部・全日本学生選手権・全日本実業団決勝戦チーム代表一名）を京都大会風の演武会形式で実施、感動の拍手の中の開催でした。

この感動の大会がきっかけとなり三年後、「勝負にこだわることなく、日本伝剣道の伝承」として一番格式の高い、名実共に日本一の大会として第一回明治村剣道大会が開催されました。その後、二十六回大会まで二十六歳から五十二歳まで全ての試合を見ることができました。当時、八段の試合はほとんどなく、誰しもが見る機会はなかったと思います。それはまさにカルチャーショックでした。構えあった姿、間合の攻防、修行の深さから出る一本の技、日本伝統剣道文化、そんな思いで興奮しました。

試合審判規定にある、「充実した気勢・適正な姿勢・竹刀の打突部で打突部位を刃筋正しく・残心あるもの」その一つ一つが理解できます。今までの自分のスピードに任せた、また気攻めといってもフェイント気味とは違って、実と実とをぶつけ合い、正面で受け止める激しい気争い、打突前の長い気の攻め合いは若いわれわれとは根本的に違いがあると感じました。

「私が五十歳代になったときに、自分が感じた様に若い人に感動と憧れを与えられる剣道が果たして出来るだろうか。なろう、なりたい……」。その気持ちで、無理は承知で目指すことにしました。そこで八段合格のために、次のことを自分なりに決めて実践することとしました。私自身が八段取得に向け実践した項目です。

一、稽古を怠らない

・指導を受けた過去を振り返る

・率先してかかった過去の稽古の気持ちを思い起こす。

・常に身近で見とり稽古させてもらった先生の稽古を思い出し稽古する。

「高校時代＝西孝先生」「大学時代＝森島健男先生・平川信夫先生」「社会人＝榊原正先生」

（若き日の指導を受けたことを、常に思い出し、前向きな気持ちをつくる）

二、稽古時間の確保

・時間管理（タイムマネージメント）による無理・無駄・斑をなくし、残業なしの稽古時間の確保。

三、稽古日は休まない固い意志

・会社の剣道部稽古日および土曜会、日曜会のときは必ず道場にいる。

（稽古以外の誘惑には屈しない強い気持ち）

四、稽古場所、稽古相手の確保
・土曜会、日曜会の結成
（場所や相手がない場合は自分で作る意気込みを持つ）
（内容は別の章で説明）
五、試合への積極参加
・全国大会に繋がる予選会は必ず参加兆戦（レベルの高い大会ほど参加）
・本当の力を付けるには試合も大切。試験は実力をつけて受ける。
・自分の力を知るバロメーター
六、目標達成のための考え方と実行『計画』
・実践項目を計画書に落とし込み具体的に実行

良師から学んだ剣道の心

崇高な剣道を求めていくには、立派な尊敬する指導者に出会うのも大切なことだと考えます。もちろん、技術はしっかり教えていただけるのですが、それ以上に大切なものをいつの間にか身につくよう指導していただける先生は本当に偉大だと考えます。高校時代、一年生から三年生までインターハイに出場、その中で優勝できたのも、西孝先生のご指導のお陰だと考えています。西先生は拓殖大学出身でその剣風は手元を絶対に崩さない、構えの厳しい先生でした。したがって、打っていくと必ず喉に剣先が突き刺さることばかりでした。上級生が嫌がる中、一番を争ってかかったのが同級生で親友の松永正利君と私でした。松永剣友は中央大学の主将となり、卒業後はNTT西日本に入社、熊本県より実業団剣士として全日本選手権大会や全日本都道府県優勝大会熊本県代表など活躍しており、現在も時々竹刀を合わせています。

西先生は御世辞にも技が凄いとはいえません。良く二人とも道場の玄関の土間へ突き飛ばされたものです。その徹底振りの構えを何とか、かいくぐり面を奪いに行く稽古は、今もって大変だったと話し合っています。試合の勝ち方や技の教えなどほとんど皆無と言うくらい教わった記憶はありません。勝って叱られ、負けて褒められた試合が何度もあり、優勝して帰ってからの稽古が何度もありました。勝ち方にこだわった指導でした。朴訥な指導ですが、結果的には前述したように素晴らしい記録で熊本県内の試合ではチームとして三年間で一度負けただけの状況でした。不思議です。剣道は技や要領だけで勝つわけではない、心を強くすることで結果がついて来ることを、暗黙のうちに教わりました。

また、特記したいのは、多くのいい結果の中にも先生が笑顔をみせられたのは三年間でたった一度だけでした。インターハイ優勝の瞬間（副将で出場）、私が試合を終え帰ってきたとき、顔を見てうなずきながら、ほんの少しだけにっこりされたのが、今でも脳裏から離れません。指導の全てと己の修錬に厳しく接しておられたのだと思います。

大学時代は、剣道の稽古の厳しさと精神・心の修行の奥深さの重要性を学ぶ機会を得ました。森島健男先生が師範でしたので、その関係から良く警視庁の道場へ出稽古したものです。警視庁の先生方の厳しい稽古の見取り稽古、また、その中に参加しての厳しい稽古は常に思い起こす様にしております。特に忘れることが出来ない、思い出に残る稽古法が区分稽古です、現在の指導にも活かしています。さらに先生から、学生であった私たちに稽古前、稽古後に必ず禅や精神訓話がありました。話をお聞きし厳しい稽古に何度も、打勝つ気持ちで乗り切る気力を養うことができたと思っています。今でも心に残る一番の言葉が「一日一死」です。必死三昧、自分を残してはいけないと言う意味に解しています。若輩者ではありましたが、「身を捨ててこそ、浮かぶ瀬もあれ」。自分の命を犠牲にする覚悟があってこそ、初めて窮地を脱して物事を成熟することが出来る、心境で臨んだものです。そのことを忘れずに稽古に臨んでいます。

八段審査ではよく、気で勝って攻めて、乗って打てといわれますが、森島先生からは次の教えをいただきました。

『乗るとは心気を練る』

『相打ちの勝ち』。いずれかを勝ちと定めん、いずれかを負けと申さん、あいのあいうち。将に技の起こらんとするところ、相打ちに出よ、これ技を、技を起こすの真なり。

『心気力の一致』。相打ちの勝ちを知らざるものは、気を以って、技に勝つを知らざるものなり。精神を呼気に凝らし、勝機を未撃に知る。（未発の発）

高校時代のスピードと突貫小僧的な気持ちの剣道にプラスの教えをいただいたのが平川信夫先生でした。左手の納め、中心を攻める無理・無駄のない剣捌きの稽古。先生もなかなか手元が崩れない剣道でしたので、振り回した技では喉元をやられる状況でした。そこで諸手突き、片手突きといった突き技が必然的に必要となり、初めて本格的に突き技を研究する機会となりました。先生の指導も基本は突きと言うことでよく、突きだけの一本勝負を行ったものです。剣道はこのことで大きく変化したと思っています。

大学卒業後、名古屋鉄道へ就職いたしましたが、そこでお目にかかったのが第一回全日本剣道選手権の覇者、榊原正先生でした。その後、八段合格まで一番長く身近で教えをいただきました。八段合格時、東京から報告しましたら、手拭は縦か横かといきなり聞かれました。先生は書も大変お上手で、私の合格の暁には手拭の揮毫を準備されていたんだと、心から感謝とうれしさが込みあがったものです。揮毫は『一源三流』、日曜会の皆さん方にも常に意味合いを話しております。

若い頃、先生に「祝、お前は気の攻めとかはまあまあだが、打つのが腕力に頼って当てにいっている。竹刀を振り回している、そこを変えるのだ」と助言をいただいていました。また、私が忙しいのをわかっていましたので、「稽古がなかなかできないだろう。一人稽古をするのだ」と、素振りやシャドー剣道を勧めてくださいました。相手を仮想し、小手、面、胴、突きを相手との場面設定し打ち込んでいく、居合の仮想敵と同じです。効果はわかりませんが、自分の気持ちで如何様にも充実できます。

素振りの一人稽古は、「素振りは切れなければならない」が先生の教えです。手の内のことだとは思いましたが、振り方は自分で振って振って、百錬自得するように言われました。先生は晩年、持病の心臓病で静養気味でしたが、お尋ねすると布団の上で座って竹刀を朝・夕欠かさず振られるとのことで、病症の身にも関わらず、実際布団の上でやって見せていただき、身の締まる思いでした。私と音が違ったのを今もしっかりと覚えております。

「切れる素振りになったか」とよく聞かれました。

なかなか出来ない旨、申し上げると、「重い竹刀を使う必要はない、軽い竹刀を重く使うのだ。体に合わない重い竹刀で只叩き散らしている。それは、剣道とはいわない。軽い竹刀を使って、手の内でポンと重く打つ、それだけで相手の心には通じるものだ」と言う言葉、今も脳裏に焼きついています。力の剣道から手の内の剣道を心がけ、重い竹刀を振り回すのではなく体にあった適当な重さの竹刀で、気・剣・体一致の技を出すことが、重い竹刀で打つよりも相手に通じる重いうちになる。そのことだと考えました。さらに人それぞれの剣道には味があると教えられ、「守・破・離」の修行を積むことで、誰もが感動するいい味の出せる剣道を求めることが大切である。「求める味」です。そのことで本物の「生剣」が出来上がってくるとの教えでした。

以上の先生方に師事したそれぞれの時代の心境を、常に思い浮かべることにより、ついつい折れそうになる、八段挑戦の心を折れることなく、前向きに養へたのは確かであると思っています。

昇段審査はシナリオと演出が重要

実際の八段に向けての稽古は作と演の計画書にしたがって行いました。

私は長い間スーパー業に身を置いていましたが、そのスーパー業に「作と演」と言う考え方があります。本部と店舗の関係を表現したものです。仕入れ商品の販売に向け、作（本部）はシナリオ（企画・政策・戦略・戦術など）、演（店舗）は売り場の出来栄え（見栄え・心を掴む感動・納得の演出）です。この二つは車の両輪のごとくです。剣道も同じと考え自分なりのシナリオをしっかりと作成し、それを晴れの日（試験・試合・日頃の稽古など）に演じ、まわりの人々に感動を与えることが精進の一過程になるのではと考えました。特に審査において感動と納得をさせなければならないのは審査員の先生方です。

われわれのような一般社会剣士は稽古時間が限られており、量で技量を上げることは厳しい状況ですので質を少しでも上げる工夫が必要でした。

四十六歳になりました。七段取得して十三年が経過しておりましたので、受験資格は有しておりましたが、二年間修行が足りないと考え挑戦いたしませんでした。四十八歳のときに初めて挑戦、一次合格、二次は落ちました。打とう打とうという気持ちが前面に出て、つい技に頼っていました。八段合格は五十一歳の時、平成十二年秋、東京審査会でした。七回目の挑戦。立合では、不思議と打ち気になることはありませんでした。むしろ「さあ、こい。いつでもいいぞ」という気持ちになることができました。合格させていただいてから十年以上が過ぎましたが、まだまだ勉強することがたくさんあります。人生とは卒業のない学校と言われていますが、剣道も同じで卒業のない学校です。

八段取得後は、段位を汚さないための稽古、実業団所属という甘えをなくし、プロ意識を持ち、指導法、審判法、剣道形、剣道理論などを身に着けなければならないと考えています。また一から出発です。

二十、昇段審査までの気持ちづくり

昇段審査は修行のバロメーター

昇段審査は個々人さまざまな考え方があるとは思いますが、そのなかで実業団剣士は二十歳代・三十歳代の頃は試合には積極的ですが、昇段審査となると消極的になる人をよく見受けます。

試合参加は部の代表あるいは仲間とともに参加といった状況があり、とかく一人で行動することはないと思います。しかし本来、剣道の修行は「一人」というのはだれしもが理解していることです。審査は個人の積極的な意思で受審しなければなりません。よほど前向きな気持ちでいないとついつい業務が忙しく、時間がないといったマイナスな気持ちから機会を逸してしまう場合があります。よく聞くのは、いったん稽古を中断し、高壮年になり再び竹刀を握る機会を得て、昇段審査を受けるようになった方から「若いうちに昇段審査を受けていればよかった」という言葉です。「後悔先に立たず」です。

また、若い人で「試合に勝てばよい、それが実力だ」と考えている人がいます。もちろん千変万化、剣道は個人の特長を生かした試合で結果を出すのも間違いではありません。しかし、審査は同じ条件のもと、剣道としての基本的な実力を審査員に見ていただき、それを認めてもらうものです。実力というのは人から認められることが大いに大切だと思います。そういう意味では、昇段審査の合否は自分の剣道修行の進捗度合のバロメーターになるのではないでしょうか。したがって実業団剣士も多忙のなかにも審査はぜひ積極的に受審していただきたいと思います。

我々一般愛好家は、時間的な制約でどうしても効率を求める稽古をしなくてはなりません。受審をされる方はとくに漠然とした稽古では審査の先生方に評価を受ける内容にはならないと考えます。稽古のなかに工夫と注意すべきポイントを明確に意識する必要があると思います。そこで僭越ですが、実業団剣士の皆さん方に私なりの経験から自分で実践したポイントを紹介させていただき一助となればと思います。

まず、大きく分けて二つあります。「受験までの気持ちづくり」と「受験時の気持ちづくり」です。以上のことを二回に分けてお話をさせていただきたいと思います。

常にプラス思考でいること

社会人は、第三者から強制的に稽古をさせられることはありません。剣道を続けなくてもだれも文句は言いませんし、続ける必要もありません。そこで試験までの気持ちづくりとして私は、今まで何度か申し上げてきました「だれのために剣道をしているのか」ということを問いかけることから始めました。もちろん答えは「自分」です。好きな剣道をやるために自分で時間をやりくりし、稽古時間を確保するしかないことを再認識しました。そして自分のために家族や職場が協力してくれて稽古ができていることを知ることができました。だからこそ私は、生涯剣道の修行段階の指標として昇段審査にも積極的にチャレンジすべきと考えました。

審査というと八段審査に代表されるようにとかく厳しいむずかしいイメージがあります。確かに合格率でみるとそう思いがちです。六段・七段の審査も近年合格率が上昇してきたとはいえ、むずかしい審査であることには間違いありません。八段審査はなおさらです。

しかし、一パーセントは合格すると考えるか、九十九パーセントは落ちると考えるかで結果は大いに違ってくると思います。六段以上の試験であれば十パーセントから二十パーセントは合格するのです。合格率は〇パーセントではないのです。前向きに考えることが大切です。

そもそも合格率が上昇したとしても自分が必ず合格することが保障されるものではありません。合格率の高低に関係なく、常に合格圏内に入れるような稽古をしておくことが必要なのです。したがって多忙を理由にするのではなく、ミスを恐れずによいイメージを蓄積し積極的にチャレンジしていくことが大切だと考えます。

よい試合・よい立合を見る

プラス思考になるにはいい機会を得ることだと思います。それはよい試合を見て感動することがもっとも近道ではないでしょうか。昭和五十二年三月、博物館明治村に移築された「無声堂」で第一回明治村剣道大会が開催されました。私は運よく運営委員の一人として第一回大会から最終の第二十六回大会まですべて携わることができましたが、そのなかで多くのことを学びました。

第一回大会のとき、私は二十六歳でしたが八段の先生方の試合をそれまで見たことがありませんでした。一触即発で構えあった姿、息詰まる間合の攻防、そこからの打突、カルチャーショック以外なにものでもありませんでした。このことが次のステップにつながったと思います。

しかし、よい試合というものは高段者だけというものではなく、子どもの試合でも感動を呼ぶ一本はあります。問題はそれを感じる技量が見る側にあるかであり、感動した試合を自分の身体に蓄積し、それを日々の稽古で実践することが大切です。そのくり返しの内容が充実した稽古につながっていくと考えています。

審査に直結した稽古をする

「稽古は試合、試合は稽古のようにせよ」という教えがありますが、試合の一本は「気・剣・体」一致の技であり、その技を人が認める姿のなかで出せることが大切です。この一本をいかに日ごろの稽古の中で取り組んでいくかです。これを実践することは容易ではありません。場の雰囲気、状況などすべてが違うなかで緊張感をもって稽古するにはなによりも工夫が必要です。その状態をつくるために、私は真剣な一本を常に求めることを課題として稽古に臨んでいます。発するすべての技が有効打突の条件に合致するように取り組むのです。もちろん全部できるはずはありませんが、「打てるだろう」「打てるかもしれない」という気持ちで技を出さないようにしています。

「打てる」というところで技を出すように心がけると攻めが変わってきます。相手を打つことより動かすこと、つまり攻めに重点を置いて稽古をせざるを得なくなるのです。自然、気の密度も高まり、稽古内容も濃くなってくるはずです。

目標を設定することで自分の意欲が沸き起こるのは自然の摂理です。そしてその都度その都度、達成することでひと回り大きい剣道や人格につながっていくと考えます。我々一般愛好家の中からもっともっと高段者の先生方が誕生し、後進の指導や地域少年剣道へ参画され、将来の剣道発展のために携わられることを願っています。目標が大きければ大きいほど一献の席の剣道談義に花が咲き、楽しいものになるはずです。

二十一、受験当日の気持ちづくり

前章の続きとなりますが、実業団剣士にもっとポジティブに剣道の昇段審査に臨んでもらいたいと思い、今回も私が経験し、実践してきたことを紹介させていただきます。前回、受験までの気持ちづくりについて紹介しました。今回は受験当日の気持ちづくりについてです。

謙虚な自信を持っているか

審査は自分に自信を持っていなければ合格できません。ただし、自信を一歩間違えるとすぐに過信となり、失敗につながります。よって謙虚な自信が必要だと考えています。謙虚と自信、一見すると相反する要素にみえますが、自信に満ち満ちていればすぐに過信につながってしまうものです。いつでも打てるという気持ちになり、届かない距離から打ってしまったり、応じ技が遅れてしまったりします。また、謙虚すぎても駄目です。気持ちが落ち着かず、不安になり居ついてしまうなど、良い結果は得られません。

謙虚かつ自信がある状態というのはつくろうと思ってもなかなかつくることができませんが、一つの方法として観の目を強くすることが大切と考えています。宮本武蔵は「観の目をつよく、見の目よわく」と『五輪書』で記していますが、見の目で入った情報をもとに動いたときにはすでに遅く、間合を間違えてしまいます。

謙虚かつ自信がある状態のときは、なにもとらわれるものがなく観の目でみることができる状態です。二つの状態が重なったときに一本が生まれると思います。なかなか実現できるものではありませんが、この意識をもつようにしていました。

着装で審査員の印象は大きく変わる

審査は総合的に判断するものです。もちろん相手から有効打突を奪うことは大切ですが、その人からにじみ出てくる品位・風格など雰囲気はもっと大切です。その雰囲気づくりと切っても切れない要素のひとつとして着装があります。剣道着・袴・剣道具の着装は誰でもができていると思いがちですが、意外とできていないこともあります（たとえば、色あせた稽古着・折り目のない袴・後ろ下がりの袴の着装・面紐の長さなど）。

これらを身につけるには、普段から着装に気を配って稽古をすることです。「稽古だから……」「本番ではないから……」と手を抜くと、本番で失敗します。着装の乱れは心の乱れととらえましょう。稽古着は、色あせているもの、破れているものはもってのほかですが、真新しいものを準備する必要はありません。むしろ藍は新しいものより使い込まれたもののほうがしっくりとくるはずです。充分に身体になじませ、本番に臨むことが大切です。

本番では、日頃起きないようなアクシデントが審査会場で起きる可能性があります。日頃の稽古ではできているのに、いざ本番となると自分の持てる力の何分の一しか出せないのは、よくある話です。竹刀など落としたことがない人が、極度の緊張から落とすこともあるでしょうし、面紐や胴紐などが、ほどけてしまうことがあります。不測の事態に備えて万全の準備をしておく必要があるでしょう。

入学試験に行くときは、鉛筆や消しゴムをそろえ、冬場であれば防寒対策までに気を配ります。入社試験であれば紺のスーツに身を包み、整髪してめざす会社へと出向いていくはずです。昇段審査もまったく同じです。

いつでも来なさいの心境をつくる

相手と対峙したならば絶対に下がってはいけません。もちろん展開によっては捌くこともありますが、気持ちのうえでは「絶対にさがらない」という覚悟が緊張感をともなう立合につながります。そして立合では位取りを上から乗るようにし、「いつでも来い」という心境をつくります。審査はどうしても「打ちたい」という気持ちが先行します。よってその気持ちを静める意味でも「いつでも来なさい」という心づもりのほうが、落ち着いた状態で臨むことができます。

また発声も「自分から行くぞ、行くぞ」という発声ではなく、相手に先に気合を出させたのちに倍の発声をすることも有効です。絶対的ではありませんが、「いつでも来なさい」という気持ちづくりにつながる一つの方法と考えています。

また、初太刀を取ることは大切なことですが、初太刀は先に打つことではありません。審査員がもっとも注目しているのが、初太刀の攻防であることには間違いありません。立ち上がりから攻め合いを経て、どんな技が出されるのかを、わたしも注目しています。その錬度を見ているのであり、何がなんでも打たなければならないということではありません。応じ技でも審査員の心を動かす一本であれば評価されるのです。

初太刀で一本を打つことは容易なことではありませんが、均衡状態を打開して有効打突に結びつけるためにも、普段から攻めを意識して稽古をすることが大切です。攻めの要素としては先を取る、中心を取る、有利な間合を展開するなどが考えられますが、それらを駆使し、相手を動かし、隙をとらえることで初めて一本になります。あまり初太刀を取ることを意識しすぎると打ち急いでしまうので、あくまで技は攻めの延長であることを念頭におきましょう。

中途半端な技を出さない

いちど発した技はすべて打ち切ることが大切です。よって返されたり、すり上げられたりしても中途半端にさばくのではなく、しっかりと打ち切ることが大切です。打ち切る体運びを身につけるのは正しい構えから無理のない動きで技を出すことが求められます。

普段の稽古でできていたとしても本番はプレッシャーがかかり、手元が固くなったり足幅が気づかぬうちに開いてしまったりと余分な力が入るものです。余分な力が入ると当然、円滑な動きはできません。

普段から常に安定した重心を保つようにし、足幅、ひかがみの伸び具合、踵の高さなどに注意し技を出すように心がけています。打突を打ち切るには打ち切れるだけの勢い、無理のない体勢が必要です。剣道において静止状態はありえず、絶えず相手とのやり取りがありますので随時、変化に対応できるような足をつくっておくことが大切です。

審査ではいくら構えがよくても歩合で優位に立たなければ合格は望めません。しかも高段者になればなるほど一方的に打つ技ではなく、相手が動いたところを打つ技が求められます。攻める側から見れば攻めが効いている機会の技です。このような技を出すのは足です。足はすぐに衰えてしまいますから、普段から足を鍛えておくようにしましょう。それが打ち切った一本につながり、中途半端な技の減少になると思っています。

実際の立合では、受審者は直前まで相手が誰になるのかわかりません。どのような剣風の相手でも理にかなった技を出さなければならないので容易なことではありませんが、普段からそのような意識のもと、できるだけ多くの人と稽古をしておくことも大切です。

二十二、生涯剣道は人生を充実させる

稽古時間や道場へ行く機会が少ない、基本稽古ができないなどと悩み、結果残念ながら剣道から離れてしまう愛好家が少なくありません。しかし、それは本人の考え方次第で改善できることではないでしょうか。

剣道はやればやるほど不思議な魅力が生まれ、深さのある武道です。その魅力に多くの人が気がつき、生涯を通して自分のために剣道に取り組んでいただきたい、もう一度しっかりと竹刀を握ってもらいたいと考えました。

最終章はその総集編として、再度、剣道を続けるためのコツを述べさせていただきます。

稽古時間が足りないのは当然

剣道を続ける上での逆境とは、異動などにより、いい指導を受けられない、稽古時間がない、稽古場所がない、稽古相手がいないなど「ないない尽くし」の状態に置かれたときだと思います。我々実業団剣士は学生時代の恵まれた環境で稽古できたときと比較し、稽古ができない、時間がないなど勝手に自分で逆境と思い込んでいることがあります。しかし、学生時代と同じような稽古ができないのは、社会人では当たり前のことです。そう考えると、本当の逆境ではないことがわかるはずです。学生と社会人はそもそもおかれた立場が違うのです。

時間がないことを理由にせず、今ある環境で精一杯がんばって順境に変えるのです。逆境もよし、順境もよし、要はその状況のなかで与えられた使命や、自分で定めた目標を見失わないことです。

剣道で一番大切なことは、やめずに継続することです。本当の剣道は、稽古時間を工夫してねん出するときから始まるのです。工夫して続けるから剣道を深めることができ、また深めることで素晴らしい人々との出会いが待っています。

一般企業に勤める実業人は好むと好まざるとにかかわらず異動がつきものです。部署や部門はもとより勤務地区の変更など環境の変化は慌ただしく訪れます。特に実業団剣士に劇的な環境変化をもたらすのは選手生活が終盤となり、中堅社員となった頃です。仕事も戦力となり、責任も大きくなります。稽古量が落ちるのは当然のことです。そこでいったん剣道から離れるとなかなか剣道に戻れませんので、発想を転換し、稽古継続と健康維持の中に価値をみいだしましょう。地道な継続が結果として地力ある剣道につながっていきます。

工夫の仕方を工夫しよう

剣道修行に「守破離」の過程がありますが、「守」は教えを守り、「破」は自分の考えや工夫を加えもう一歩前進の成長の度合いです。誰しもが進化を求めて稽古を続けていると思いますが、なかなかうまくいかないもの現実です。問題はその工夫の内容とやり方ではないでしょうか。

「受ける太刀は打つ太刀、打つ太刀は受ける太刀」の教えのごとく剣道は攻撃が最大であり、攻撃のみで有効打突を得る事ができたら、防御をする必要はありません。その考えを持って稽古に臨むと必然的に懸かる稽古につながります。従って絶対に下がらない覚悟で稽古することをお勧めします。常に真剣な一本を求め、発する全ての技が有効打突の条件に合致するように取り組むべきです。

また、我々の稽古は時間が少ないため、どうしても互格稽古が中心になりがちですが、少ないからこそ基本稽古に時間を割きたいものです。基本稽古の延長線上に応用（互格稽古・審査・試合等）があります。互格稽古の準備運動として基本稽古があるのではないのです。剣道専門家が強いのは、稽古の多くを基本稽古に割いています。結果、有効打突の五つ条件を満たした気剣体一致の技を大舞台で打つことができるのです。

愛好家こそ大会に挑戦しよう

大会参加は剣道修行上、重要なことで自己の技量と精神の習熟度合いを知るのに良い機会です。生涯剣道のなかで試合出場の場を求めることは、非常に重要なことです。素晴らしい選手の見取り稽古の好機にもなります。

また、試合に出るとなると、それなりの準備が必要です。摂生ある生活、用具の確認、竹刀の確認、基本（服装・礼法・稽古）の確認、試合・審判規則の確認など、剣道に自然と気持ちが向かっていきます。稽古が不足していると思わぬケガにつながりますので、稽古回数も増えるでしょう。無理は禁物ですが、試合は稽古では得られない緊張感がありま す。この経験は日常業務にも役立つはずです。

また、自分が試合に出るだけでなく、審判にも積極的に挑戦することが重要です。時間を見つけて講習会に参加をし、審判技術を磨きましょう。我々は経験則で審判をしがちですが、試合は全日本剣道連盟の試合・審判規則で行なわれているのです。いままで気がつかなかった発見があるはずです。

いつもプラス思考でがんばりましょう

我々は少ない稽古時間の中でもなんとか上達したいと思っています。自分のダメなところばかり感じてしまうものですが、それでは楽しくないでしょう。あれもダメ、これもダメでは嫌になってしまいます。

稽古をするにあたっては常に充実した心構えで臨み、相手に失礼な思いをさせない。そのことに気をつければ、自在に行なってもよいと思います。剣道の内容に欠点があることは当然です。私がいまも心がけている七項目を紹介します。

一、自分の身体に合った稽古をする。
二、長所をできるだけ伸ばす。
三、常に「なぜ」の気持ちを忘れない。
四、蹲踞を充実させて先を取る。
五、下腹部に力を入れ、剣先を利かせる。
六、稽古は縁を切らない。
七、常に腰始動の打突を心がける。

ただし、くり返しになりますが、無茶な稽古は禁物です。「体調不十分なときの稽古」「体力以上の無謀な稽古」には気をつけてください。

谷口安則先生のこと

人生としての年輪が増す度に、生涯剣道として取組む姿勢の意義は深く、有難いものになって行くと思います。なぜならば、只単に年をとっていかれる方々よりは、剣道を通して、健康維持と、さらには老若男女の方々と接する機会を作り出せることにより世相や、情報の吸収、それぞれの時代の考え方、剣道の奥深さを考える等、豊かな心や、若さを維持できる環境が大いにあるからです。

逆を言えば健康であって始めて、生涯剣道として修行することが出来、充実した生活が継続出来るともいえます。

健康の「健」は体であり、「康」は心とよく言われていますが、まさに「健」「康」が生涯剣道の真髄でしょう。

生涯剣道に取組むことにより、加齢の中にも、世の中に役立つ機会を得る場面も沢山あり、充実した気持ちで生涯生活が送れると思います。

長寿国となった我が国は、年金制度の変更等により、定年制引き上げなど、さらに世の中はこの先も、長寿に合わせた制度で目まぐるしく変化していくことが考えられます。その中で、会社としては、次の時代のために、若い人の要職登用は当然必要なことと考えられます。したがって、役職定年制等はどの会社でも行われているのではないでしょうか。

会社の使命は社業の発展と地域社会への貢献です。今まで、その意識で要職の立場で、日々頑張ってきた方々でも世の中に貢献する機会が少なくなるのはやむおえない状況でしょう。

しかし、生涯を剣道に携わる人にとっては自分の修行と同時に、その機会は大いに継続できます。先に述べましたが多くの人と接触できます。また、後進の指導や、地域社会における少年剣道等の指導など、世の中に貢献できる機会が本当に多く有ります。剣道の有難さや、楽しさを、痛感できると思います。退職されて生涯剣道にいそしんで見える方々は痛切に感じておられることと思います。私自身も指導している剣士の方々が試合で好成績や、昇段、また世の中の立場で昇進されたときは、本当に我が事のように嬉しくてたまりません。つくづく剣道を継続していてよかったと思える瞬間です。

私自身、「剣道は生涯修行だ」と確信を持たせていただいた機会がありました。五十歳を越え、修行は今からだという時期に、範士九段谷口安則先生（当時八十一歳）に稽古をお願いする機会をいただきました。平成十四年十一月三日、全日本剣道連盟設立五十周年記念第五十回全日本剣道選手権大会でのことです。人生で忘れることのできない思い出であり、今もって何事にも変えがたい教えでした。掛かり手は教士七段石田利也先生（大阪）、教士八段作道正夫先生（大阪）と私の三名でした。

私の剣道で、模範などできるはずもなく、ご辞退をさせていただく旨申し出たのですが、有り難いことに恩師のお心配りの薦めもあり、お受けさせていただきました。日本武道館の中央で一組だけで行なう演武ですので、もちろん緊張はありますが、感謝を込め、自然体で臨むこととし、すべてを出しきる演武を心掛けました。内容は地稽古（かかる稽古）、掛かり稽古、切り返しの三つです。その時の感想を述べますと、谷口先生の入場の姿は今でも脳裏から離れません。白の稽古着・白袴・茶胴、ご高齢を感じさせない所作と立ち居振る舞い、本物のオーラで満ちあふれており、日本武道館のすべての観衆を釘づけにしました。実際、稽古をお願いすると、どこから打ち込んでもびくともしない、大岩があり、そこに立ち向かう心境でした。掛かり稽古にいたっても同じで、体当たりで何度当たっても跳ね返されるだけの状態でした。最後の切り返では全てを出し切った姿となっていました。時間にして四、五分だと思いますが、心身共にすべてを出し切った満足感と本当に疲れましたが、さわやかさがありました。

演武終了後、お願いした三人で話をしたのですが、その心境は私だけでなかったようです。模範になったかどうかはわかりませんが、谷口先生の模範の稽古姿は後世に言い伝えられるでしょうし、私にとっても生涯剣道の修行の素晴らしさを、身をもって感じさせていただいた一瞬であり、今後の修行の指針の機会でもあったと心から感謝いたしております。生涯剣道に取組んでみえる方々の修行の意味合いは千差万別でしょうが、その中でも剣道の目的を究極までつきつめていく考えの方の取り組みであるならば、必然的に生涯、稽古を継続することから求めていく必要があると考えます。

生涯剣道を続けていれば、どなたにも必ず素晴らしい機会にめぐりあえる時があると思います。剣道を生涯続けていて良かった。そんな剣道生活をしましょう。

あとがき

本書は雑誌『剣道時代』二〇一〇年九月号から二〇一二年三月号まで連載しました「社会人のための考える稽古」をベースに、加筆・修正をして一冊にまとめたものです。したがって文面、内容一部重複の感がありますが、ご容赦願いたいと思います。

本来子供の頃より文章を書くことが苦手で大嫌いな私が、この様な連載を執筆するきっかけとなったのは、一つの場面からでした。大学卒業後、実業団剣士として、毎年九月に日本武道館で開催される全日本実業団剣道大会に参加しておりました。現役剣士として参加している若い時期にはさほど感じることもなかったのですが、加齢とともに参加をしている同世代の剣士が急激に減少することに一抹の寂しさを感じていました。試合に参加しないだけではなく剣道そのものから遠のいていく剣友諸兄の姿を多く見てきました。選手生活が終わる頃、会社では中堅幹部として重責を担う時期に入り、仕事量とは反比例に急激に稽古量が減って来るのが原因だと考えますし、そのことを理由に時間が取れないと、また久々に稽古や試合に参加しても思うような好結果につながらない、そうなると剣道がおもしろくなくなる、まさに負のスパイラルです。

また、幼少時代から学生時代、全国大会等で活躍された多くの名選手が、前述等の理由から残念な試合内容になっている事実を、毎年のようにお見受けし、本当に寂しく、有名選手こそ生涯修行を実践し、人を惹きつける魅力と本当の強さを兼ね備えた剣道を身に着ける努力をし、引っ張っていってほしいと感じておりました。

その様な話を『剣道時代』の小林伸郎編集長と話す機会があり、「ぜひなんとか実業団剣士の皆様が少しでも長く剣道を継続してもらう企画を立ち上げましょう」ということから、連載の運びとなりました。

自分でも各業種の一般剣士を集め日曜会として指導をしていることも含め、剣道を楽しみながら継続し、少しでも技法、心法が今より向上していただきたいという思いを込めて書かせていただきました。稚拙な文章、内容で当初思いが伝わるのか不安でしたし、最初は一回限りと考えておりました。

ただ、全日本実業団大会の折、東京藝術大学の高橋亨教授（剣道教士七段）とお会いし、今までとは観点が少し違う内容になっているので、「ぜひ連載を」という心温まる助言をいただき、小林編集長もその意向があり、なんとしてでも一人でも、二人でも、少しでも多くの方が剣道を自分の宝として続けてほしい願いを込めて一年半の連載となり、さらに今回の発刊の運びとなりました。

高橋教授とは愛・地球博（二〇〇五年日本国際博覧会）で高橋教授が総合司会、私は外国人紅白戦審判員と掛かり稽古の元立ちを務めさせていただいた縁がありました。高橋教授は、剣道が広く愛され、広めたい気持ちで意気投合している仲間です。

題名は「社会人のための考える剣道」となっておりますが、もちろん実業団に限らず、一般愛好家、家庭婦人など剣道人すべてが対象となり、また生涯スポーツを実践されている他のスポーツに取り組まれている方々にも相通じる部分があるのではないかと思い、書かせていただきました。

『剣道時代』の連載から読んでくださいました皆様、そして引き続きこの本を読んでくださっている皆様に心より感謝申し上げます。

自分の経験談にもとづいておる内容で、一人よがりのものではないかとは、皆様の判断をいただければと思っております。筆者として基礎力、理解力、筆力等の不足ご指摘は有り難く受け止めさせていただきたいと存じます。

これまでの人生でご指導いただきました諸先生方には深く感謝もうしあげます。
さらに、筆力の原動力となった愛知県小牧市「日曜会」の師範平井道典先生（剣道教士八段）、関本和秀幹事、そして剣友諸兄に多くの感謝と、一番身近な家族にはもちろん大いに感謝いたしております。

平成二十五年二月　祝　要司

祝　要司（いわい・ようじ）
昭和24年、熊本県生まれ。
九州学院高校時代はインターハイ優勝、明治大学に進み、大学時代は関東学生剣道選手権大会で優勝を果す。卒業後、名古屋鉄道に入社。世界剣道選手権大会団体優勝、全日本都道府県対抗剣道優勝大会優勝、全日本剣道選手権大会出場、全日本選抜剣道八段優勝大会出場、全日本剣道東西対抗大会、国民体育大会出場など。愛知県小牧市で大人を対象とした稽古会「日曜会」を主宰。稽古会には、愛知県はもとより岐阜県、三重県などからの参加者もあり、会員は昇段審査に続々と合格している。剣道教士八段。
現在、一般財団法人愛知県剣道連盟常任理事、全日本実業団剣道連盟理事、中部地区実業団剣道連盟理事長など。

社会人《しゃかいじん》のための考《かんが》える剣道《けんどう》
平成25年4月30日　第1版第1刷発行

著　　者　祝　要司
発 行 者　橋本雄一
組　　版　株式会社石山組版所
カバー写真　徳江正之
編　　集　株式会社小林事務所
発 行 所　株式会社体育とスポーツ出版社
〒101-0054　東京都千代田区神田錦町1-13 宝栄錦町ビル3F
TEL 03-3293-7554
FAX 03-3293-7750
http://www.taiiku-sports.co.jp
印 刷 所　新日本印刷株式会社

検印省略　
ISBN978-4-88458-271-5　C3075 Printed in Japan

剣道時代の本

本番で差がつく 剣道のメンタル強化法

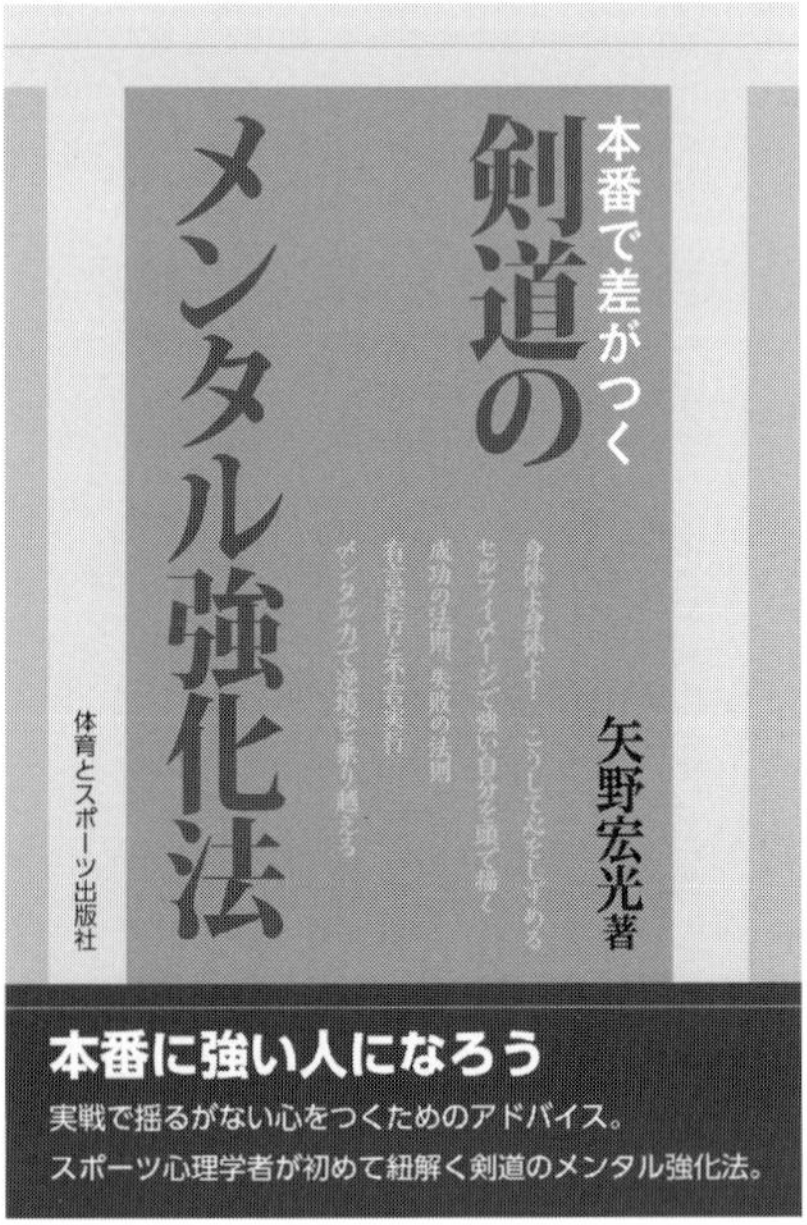

【収録内容】（抜粋）
第１章　身体よ身体よ！　こうして心をしずめる
第２章　セルフイメージで強い自分を頭で描く
第３章　成功の法則、失敗の法則
第４章　有言実行と不言実行
第５章　メンタル力で逆境を乗り越える

本番に強い人になろう
実戦で揺るがない心をつくるためのアドバイス。スポーツ心理学者が初めて紐解く、本番で強くなりたい人の為の剣道のメンタル強化法。

矢野宏光著
四六判　176ページ　定価1680円（税込）
ISBN978-4-88458-249-4

剣道時代の本

末野栄二の剣道秘訣

【収録内容】（抜粋）●面打ち／●小手打ち／●胴打ち／●突き／●崩して打つ／●仕かけて打つ／●二段技・三段技／●返し技／●すり上げ技／●応じ技への応じ技／●左足／●右足／●左手／●右手／●体さばき／●間合／●機会／●決めをつくる／●昇段審査／●立合に臨む／●素振り／●切り返し／●打ち込み稽古／●稽古の心得

全日本選手権優勝、全国警察選手権優勝、世界選手権大会優勝、全剣連設立五十周年記念八段選抜大会優勝。ながく剣道界で活躍する末野栄二範士が剣道上達の秘訣を自身の体験をもとに伝授する。

末野栄二著

B5判　216ページ　定価2625円（税込）

ISBN978-4-88458-248-7

剣道時代の本

強くなる実戦的剣道学習法

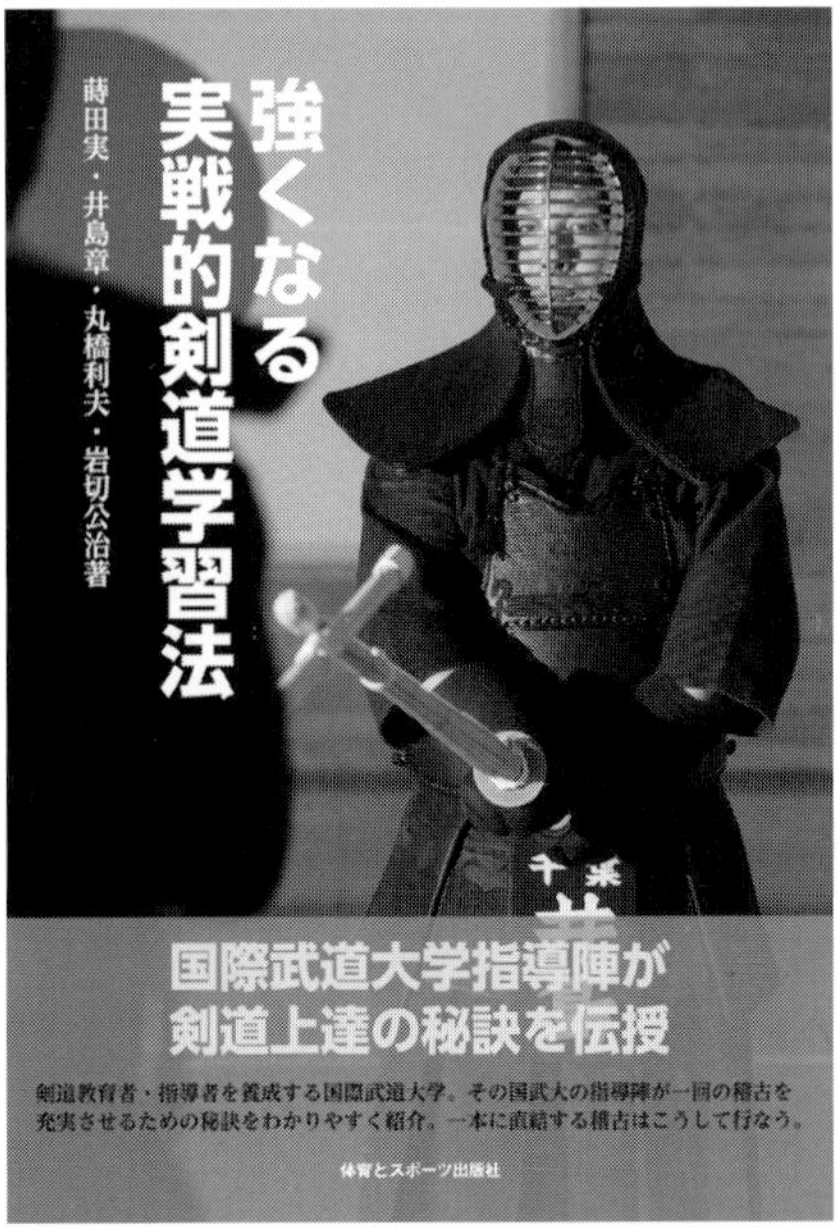

【収録内容】（抜粋）
第一章　これが効果的な稽古の方法だ／第二章　崩し方を学ぶ／第三章　中心の取り方を学ぶ／第四章　突き攻めを学ぶ／第五章　攻め足、打ち足を学ぶ／第六章　しかけ技を学ぶ　その1／第七章　仕かけ技を学ぶ　その2／第八章　応じ技を学ぶ／第九章　効果的な素振りを学ぶ／第十章　剣道百五十問百五十答／第十一章　身になる稽古、身にならない稽古

剣道教育者・指導者を養成する国際武道大学。
その国武大の指導陣が一回の稽古を充実させるための秘訣をわかりやすく紹介。
一本に直結する稽古はこうして行なう。

蒔田実・井島章・丸橋利夫・岩切公治著
B 5判　140ページ　定価1890円（税込）
ISBN 978-4-88458-246-3